FIZ BEM?

Pauline Sales

FIZ BEM?

Tradução Pedro Kosovski

Cobogó

A descoberta de novos autores e novas dramaturgias é a alma do projeto artístico que estamos desenvolvendo em La Comédie de Saint-Étienne desde 2011. Defender o trabalho de autores vivos e descobrir novas peças teatrais significa construir os clássicos de amanhã. Graças ao encontro com Márcia Dias, do TEMPO_FESTIVAL, e à energia dos diferentes diretores dos festivais que compõem o *Núcleo*, nasceu a ideia de um *pleins feux* que permitirá associar oito autores franceses a oito autores brasileiros e traduzir, assim, oito peças inéditas de cada país no idioma do outro; no Brasil, publicadas pela Editora Cobogó.

Na França, o Théâtre national de la Colline (Paris) e o Festival Act Oral (Marselha) se associaram à Comédie de Saint-Étienne para dar a conhecer oito peças brasileiras e seus autores.

Romper muros e construir pontes para o futuro: essa é a ambição deste belo projeto que se desenvolverá ao longo de dois anos.

Arnaud Meunier
Diretor artístico
La Comédie de Saint-Étienne,
Centre dramatique national

SUMÁRIO

Sobre a tradução brasileira, por Pedro Kosovski 9

FIZ BEM? 11

Sobre a Coleção Dramaturgia Francesa,
por Isabel Diegues 85

Intercâmbio de dramaturgias, por Márcia Dias 89

Plataforma de contato entre o Brasil e o mundo,
por Núcleo dos Festivais Internacionais de Artes
Cênicas do Brasil 91

Sobre a tradução brasileira

Rio, 15 de maio de 2019.

    Sou dramaturgo e esta primeira experiência como tradutor só foi possível pela parceria com Mariana Patricio, com quem dividi a tarefa deste texto e a quem agradeço.
    Fiz bem? constrói uma contundente trama sobre questões e personagens bem ancoradas na cultura francesa. Para melhor exemplificar essa afirmação, bastaria dizer que a protagonista do texto, Valentine, é uma professora de francês. É através dela que somos conduzidos na ação e fruímos pelas linhas desatadas de suas redes de relações familiares, sociais e existenciais. Mas uma protagonista como essa sinaliza, sobretudo, que é por dentro da própria língua francesa que se encontra a chave poética de um texto com incontáveis jogos de linguagens, duplos sentidos e um uso plural das formas discursivas. Nossa estratégia de tradução foi sustentar o contexto original em suas diferenças e possíveis aproximações em relação ao contexto brasileiro.
    Sobre essa questão, um bom ponto a ser mencionado é o caso da educação pública francesa, que é uma das

bases onde se apoiam algumas reflexões suscitadas pelo inventivo texto de Pauline Sales: hoje, enquanto escrevo esta apresentação, realiza-se a primeira paralisação de estudantes e profissionais do ensino contra os funestos cortes previstos no orçamento da educação em nosso país. O que se percebe, longe das ruas, nos palácios, é a atuação de um poderoso *lobby* do capital privado representado por homens influentes do governo para desmontar o ensino público e abocanhar essa "fatia de mercado" – a educação tratada como "fatia de mercado" é o discurso que querem que prevaleça. É inevitável quando leio esta peça e penso sobre o sistema educacional francês, em toda sua problemática – é claro, no ponto em que consigo alcançá-la –, traçar paralelos e comparações com o nosso.

Esse jogo de diferenças e possíveis aproximações entre França e Brasil, onde a tradução parece operar como o fiel – nem sempre tão fiel assim – da balança, foi o exercício que eu e Mariana realizamos aqui.

Por fim, agradeço a Márcia Dias e Arnaud Meunier a minha participação nesse projeto.

PELA EDUCAÇÃO PÚBLICA, GRATUITA E UNIVERSAL

Pedro Kosovski

FIZ BEM?
de **Pauline Sales**

*Para Anthony, Gauthier, Hélène e Olivia
Ao Préau, à sua equipe, à aventura
percorrida ao longo de dez anos*

PERSONAGENS

VALENTINE

PAUL

SVEN

MANHATTAN

1

Seine-Saint-Denis, periferia de Paris, no ateliê de Paul, que também lhe serve como casa. Pilhas de almofadas de rolo, sem dúvida, para um novo projeto. Do lado de fora é noite, fim de um inverno bem suave, quase suspeito. Valentine acaba de chegar, encasacada, sem jeito.

VALENTINE: Achei que era burrice gastar dinheiro num hotel*

PAUL: Claro

VALENTINE: Além disso a gente raramente se vê

PAUL: É

VALENTINE: Mas enfim eu não queria te incomodar

PAUL: De jeito nenhum

VALENTINE: Está terrivelmente tarde

PAUL: Na hora certa

VALENTINE: Normalmente só dá caixa de mensagem

---

* N. do T.: Na maioria das vezes, a tradução brasileira segue a escrita original, que suprime a pontuação em vários diálogos. A exceção é feita nos casos em que a compreensão do texto ficaria comprometida.

PAUL: Dessa vez eu atendi

VALENTINE: Fiquei constrangida

PAUL: Por quê?

VALENTINE: Não sei

PAUL: É ridículo

VALENTINE: Ao ouvir sua voz. Eu quase desliguei

PAUL: Não seja complicada

VALENTINE: Além do mais você estava ocupado

PAUL: Eu estava com alguém

VALENTINE: Quer que eu cozinhe?

PAUL: Não. Você está com fome?

VALENTINE: Eu sou a rainha da cozinha rápida. É o que dizem as crianças

PAUL: A gente vai sair

VALENTINE: Hoje é dia!

PAUL: Não parece

VALENTINE: Eu sou feia?

PAUL: Eu disse isso?

VALENTINE: Onde é o banheiro? Você me empresta o papel toalha?

PAUL: Está tudo bem? O que é? Sangue? Você está sangrando? Você se machucou?

VALENTINE: Está tudo ótimo

PAUL: E as crianças vão bem?

VALENTINE: Já não são mais crianças

PAUL: Mas vão bem?

VALENTINE: Sim sim. E Sven também

PAUL: Certo

VALENTINE: Estou com a cara melhor?

PAUL: Nunca disse isso

VALENTINE: O quê?

PAUL: Que você era feia

VALENTINE: Não acha que estou contente?

PAUL: Me pareceu que alguma coisa não ia bem

VALENTINE: Eu não pareço contente?

PAUL: Achei que tivesse acontecido alguma coisa

VALENTINE: O que eu estaria fazendo aqui?

PAUL: Que dia é hoje?

VALENTINE: Você não sabe que dia é hoje?

PAUL: Para mim não muda nada

VALENTINE: Quinta-feira

PAUL: Está de férias?

VALENTINE: Não

PAUL: Não estou muito a fim de brincar de charada

VALENTINE: Eu organizei uma viagem com a turma do nono ano em que sou professora

PAUL: A Paris?

VALENTINE: Alguns dos meus alunos nunca tinham viajado de trem

PAUL: Então?

VALENTINE: Então o quê?

PAUL: Não sei, é você que tem que me dizer

VALENTINE: Nada aconteceu como planejado. Mas está tudo sob controle. A gente deveria ir ao Louvre

PAUL: Vocês não foram?

VALENTINE: Não. Enfim sim, sim. É complicado de explicar. Eu passei um pouco dos limites

PAUL: Passou como?

VALENTINE: Como quem chuta o balde

PAUL: Essas coisas acontecem

VALENTINE: Não, felizmente isso nunca acontece

PAUL: Onde eles estão agora?

VALENTINE: Os alunos? Estão seguros

PAUL: Eu posso telefonar se você quiser

VALENTINE: Telefonar pra quem?

PAUL: Quem você quiser

VALENTINE: Você nunca me ajudou

PAUL: Você nunca pediu

VALENTINE: Mas eu não te peço nada. Como a gente não se dá bem, como a gente não se vê praticamente nunca, eu disse a mim mesma que seria fácil te pedir um teto sem você se preocupar em nada

	comigo. Sem precisar ser atencioso, sem te atrapalhar
PAUL:	Como eu sempre fiz. Sem me deixar atrapalhar nem por você nem pelos pais
VALENTINE:	Não te julgo
PAUL:	Detesto mulheres como você
VALENTINE:	Eu sei
PAUL:	São um desastre pedagógico
VALENTINE:	Você tem a prova disso
PAUL:	Você ensina a culpa a pequenas colheradas

Valentine olha em torno dela. As almofadas de rolo, da maneira que estão dispostas, parecem quase vivas.

VALENTINE:	É isso que você está fazendo no momento?
PAUL:	Eu não vou pedir a sua opinião
VALENTINE:	Eu não saberia o que pensar
PAUL:	Você não é a única, fica tranquila
VALENTINE:	E você ainda tem o porão?
PAUL:	Desculpa?
VALENTINE:	Você tem um porão, não tem, para guardar suas obras?
PAUL:	Você fica engraçada quando diz isso
VALENTINE:	Quê?

PAUL: Nada. Sim, eu ainda tenho o meu porão. Por quê? Você veio visitar o meu porão? Eu nunca sei do que você está falando

VALENTINE: Eu queria saber se você costuma ir ao seu porão

PAUL: A gente não se vê há quase dois anos e você quer saber se eu costumo ir ao meu porão?

VALENTINE: Você tem cabelinho de anjo?

PAUL: Não sei o que é isso

VALENTINE: O macarrão bem fininho que a gente dá às crianças

PAUL: Ah cabelinho de anjo. Não. A essa hora só *kebab*

VALENTINE: Não se sinta obrigado a sair. Eu estou com muita vontade de comer as sobras da sua despensa

PAUL: Então você está com muita vontade de comer vento. Você falou com eles ultimamente?

VALENTINE: Quem?

PAUL: Papai e mamãe

VALENTINE: Eu ligo para eles todos os dias

PAUL: Ótimo. Não, na verdade eu queria te dizer

VALENTINE: O quê?

PAUL: Você parece hipercontente e realizada

VALENTINE: Obrigada. Você parece babaca e egoísta

PAUL: Isso não muda pô

VALENTINE: Sempre com uma ponta de pretensão, arrogância e de satisfação por não meter as mãos na merda

PAUL: Sempre com um toque de lucidez exausta que poderia dizer tanto e tanto mas que prefere se calar e suportar em silêncio o próprio fardo

VALENTINE: Eu estou te enchendo o saco

PAUL: Eu também

VALENTINE: Será que a gente pode beber alguma coisa antes do *kebab*?

PAUL: Vinho branco?

VALENTINE: Álcool

PAUL: É louco como a gente conserva nossos pais hoje em dia. A gente está aqui, na maioria das vezes a gente tem os dois, ao menos um dos dois, por cada vez mais tempo, a gente tem os pais e a gente não sabe mais o que fazer com eles, e eles também apesar de tudo não sabem muito o que fazer deles mesmos. E eles não morrem, eles ainda não estão mortos. Não é que eu deseje que eles morram, veja, nem um pouco, mas você tem 40, 50, 60, 70 anos e ainda é filho de alguém, ainda tem pais e ainda lida com isso

VALENTINE: Não

PAUL: Ok, eu lido com isso de outra forma, você não poderia entender

VALENTINE: Sim sim eu entendo muito bem te asseguro

PAUL: Eu acho que papai está mesmo em forma

VALENTINE: Quando você falou com ele?

PAUL: Ontem!

VALENTINE: Vocês conversaram sobre o quê?

PAUL: Será que a gente se torna necessariamente reacionário quando envelhece? Ele sente qualquer mudança como um retrocesso. A internet. O islã

VALENTINE: E você, isso não te preocupa?

PAUL: Isso me alegra você quer dizer

VALENTINE: A escalada do islamismo te alegra?

PAUL: Você teve medo de andar no trem lotado? Roubaram a sua bolsa? É certo que os barbudos vão se multiplicar lá onde você mora. O que você tá fazendo?

VALENTINE: Eu ouvi gritarem, ouvi como um grito

PAUL: É você

VALENTINE: Ele vai ser operado na semana que vem

PAUL: Golpe baixo

VALENTINE: Verdade

PAUL: De quê?

VALENTINE: Você falou com a mamãe?

PAUL: Ela que sempre sente dores por toda parte

VALENTINE: Aquele lar de idosos não é nem um pouco alegre. Eu me pergunto se não levo eles lá pra casa

PAUL: Você está louca

VALENTINE: Por quê?

PAUL: O que Sven acha disso?

VALENTINE: Ele não é contra. Estou relendo os escritores do meio do século XX. Eu acho esses conceitos desgastados, sabe, o bem, a busca da verdade, uma certa nobreza do pensamento, de conduta, o senso do dever, do sacrifício. Ultrapassado, absurdo, quase abstrato. O conforto e nossa realização individual. Foi isso que se tornou uma obrigação. Uma religião

PAUL: Valentine. Escuta de verdade como posso dizer. E os seus moleques?

VALENTINE: Não são mais crianças, Paul

PAUL: Eu não estou falando dos teus. Eu estou falando dessas criancinhas da Normandia em plena Paris bocejando em meio às obras de arte

VALENTINE: De jeito nenhum

PAUL: Entusiasmadas diante de obras-primas do passado. Valentine, elas têm que idade? A gente tem qual idade no nono ano?

VALENTINE: Normalmente 14 anos

PAUL: Eu fumei o primeiro baseado com 14 anos

VALENTINE: Mas tem também a Chloé que está dois anos adiantada, o Kevin que repetiu e o Marwan que chegou na França mês passado e eu não sei ao certo a idade

PAUL: Onde eles estão?

VALENTINE: Eles certamente me mandaram centenas de mensagens com carinhas sorridentes para todos os lados e os pais, mensagens de preocupação e insultos. Eu nunca vou saber. Eu acabei de jogar o meu celular na tua privada

PAUL: Hã? Quê? Valentine, escuta, eu não sei, você chega aqui, e eu tenho a impressão de ver uma discípula de mórmons. Parece que toda maquiagem foi proibida pela legislação francesa, que as cores são uma ameaça para a segurança de Estado, que pentes e escovas são espécies em extinção. Eu me perguntei se você chorou muito ou se está possuída há vários meses por uma rinite. Você me agride, mas isso não é novidade. Você acha que o mundo vai ladeira abaixo, e vendo o seu estado eu não esperaria que você me dissesse o contrário. Você me diz que quer levar nossos pais para casa para contrariar esta sociedade irresponsável e individualista que em breve se curvará e vestirá a burca enquanto tecla inconsciente e comportadamente nas redes sociais exaltando a liberdade de expressão e, ao mesmo tempo, você, professora de francês, você rompe com os princípios fundamentais da sua profissão abandonando seus alunos menores sob sua responsabilidade em plena Paris durante a noite escura, e você destrói a única possibilidade que eles tinham de te encontrar?

VALENTINE: O que você vê como uma contradição não é uma

PAUL: Você quer entrar nessas casas de repouso cheias de professores à beira de um ataque de nervos?

VALENTINE: Você ficou bem contente quando levou para a cama todas as minhas amigas professoras depressivas graças ao teu número de artista dedicado aos adolescentes e às ações formativas mas que apesar de tudo expõe no museu de arte contemporânea

PAUL: Olha aí

VALENTINE: Tá tá aí é certamente embaixo da cintura

PAUL: Sabe o que te proponho?

VALENTINE: De ir mandar um *kebab*

PAUL: Valentine

VALENTINE: Paul. Está tudo sob controle. Eles estão com o assistente de alemão

PAUL: Onde?

VALENTINE: Eu não confio nele, no assistente de alemão, ele é tão imaturo que parece ter 14 anos

PAUL: Onde está Sven?

VALENTINE: Sven está em Frankfurt. Ele come salsichas durante a semana e banana no fim de semana

PAUL: Há uma ameaça nessa frase?

VALENTINE: Foi você que eu vim ver. Era preciso que alguém atrapalhasse a tua vida, Paul. E não por causa do amor. Nem do sucesso

PAUL: Sem graça pô

VALENTINE: É a Valentine, tua irmã, Paul

2

Frankfurt.

SVEN: Um dia, estranhamente, o estudo do DNA – a genética – e o estudo dos fósseis – a paleontologia – se juntaram. E o DNA antigo pôde começar a ser decifrado. Então se tornou possível não somente comparar o DNA dos seres vivos de hoje para descobrir os ancestrais comuns, mas também comparar o DNA dos seres vivos de hoje ao DNA dos seres desaparecidos há muito tempo

Eu queria lhe dar prazer. Eu a sinto insossa. Como se ela não tivesse mais gosto por ela mesma. É a mesma coisa na cozinha, ela sempre amou cozinhar, é ela quem cozinha, é bem comum a mulher que cozinha, a cozinha é sem graça, estável, os alimentos perdem o sabor nas suas mãos. Ela consegue fazer com que o alho não seja indigesto. Com ela, o alho cheira a banana. Cheiro de banana não é grande coisa. Ela não só não tem mais gosto por ela mesma, como ela não tem mais gosto por nada. Demorei um certo tempo para me dar conta. Seu hálito, mesmo de manhã, cedo, depois de uma noite de bebedeira, seu hálito não cheira a nada, em branco

Os humanos modernos – os humanos que a gente não poderia distinguir essencialmente de vocês e de mim – apareceram na África bem recentemente, há cerca de 100 a 200 mil anos. E mais tarde, há cerca de 100 a 50 mil anos, eles saíram da África para colonizar o resto do mundo. Eu gosto sempre de dizer que do ponto de vista genômico, somos todos africanos. Estejamos nós ainda vivendo na África ou exilados há pouco tempo

As roupas que ela joga no cesto de roupa suja ninguém saberia dizer se foram usadas. Eu me vi, vocês têm noção disso, remexendo a roupa dela, cheirando suas camisas, seus casacos nas axilas como eu vejo ela fazendo com as roupas das crianças. Na maioria das vezes é ela quem lava a roupa, não é muito original a mulher lavar roupa, mas bom nós temos uma empregada. Até sua pele. Não fica nada na minha boca depois de beijá-la. Se evapora. Minha língua sobre a sua pele

Quando os humanos modernos apareceram, eles não estavam sozinhos no planeta. Havia já outras formas de seres humanos, o mais conhecido eram os homens de Neandertal, uma forma de seres humanos robustos, que viviam na Ásia ocidental e na Europa há várias centenas de milhares de anos. Uma questão interessante é: o que aconteceu quando nós nos encontramos, os humanos modernos e os homens de Neandertal? Ela fala sempre de Ibiza. O sol, o mar, a Terra-Mãe, provedora. Nada a ver com as boates. Tem outra parte da ilha, mais ao norte, selvagem, misteriosa, para alguns mítica, até mesmo mística, onde a natureza retoma seus direitos, onde você pode se reenergizar. Esse tipo de coisa que eu não posso ouvir sem zombar.

É verdade, Senhora Natureza, que existem árvores com folhas, sementes, mato e oceanos?

Para responder a essa pergunta, meu grupo de pesquisa – há quinze anos – trabalha sobre os métodos de extração do DNA dos restos de Neandertal que datam de dezenas de milhares de anos. Isso implica portanto uma série de problemas técnicos como o modo de extrair o DNA, o modo de convertê-lo em uma forma que se possa sequenciar. Nós conseguimos no ano passado apresentar a primeira versão do genoma do Neandertal e a disponibilizamos na internet. E vocês podem começar a compará-la com o genoma das pessoas que vivem hoje

Eu poderia levá-la aos campos pantanosos do centro do país. Lá é bonito, é verdade, é bonito, ninguém sabe disso. É belo. Meu pai tem uma casa lá. Há muito tempo que nós não vamos. Ela não acharia reenergizante, mas aniquilante. Como se levasse um tiro de carabina. Lá, nós faremos passeios silenciosos de cabeça baixa. Eu não vou ter nenhuma ideia do que dizer, nenhuma ideia, e eu a sentirei ruminar um capim ácido contra nós, contra nós como casal (um capim que não tem nada a ver com a natureza, um capim que ela autoproduz e torna as dobras da sua boca amargas) porque ela gosta de falar. E depois nós beberemos bastante. Eu me conheço. Eu vou ficar a manhã inteira de olho na garrafa de tinto que eu guardei para a noite e acabarei abrindo ao meio-dia. Seja qual for o tempo ela sentirá frio. Ela achará os lençóis grudados pela umidade. O sol tímido. Incapaz de aquecer. Impotente. Os campos pantanosos do centro onde a natureza também te abraça, sem te custar um braço

Tanto é assim que hoje as pessoas que vivem fora da África, isto é, nós todos aqui na sua maioria, têm cerca de 2,5% de seu DNA proveniente dos homens de Neandertal. A resposta portanto é: os humanos modernos e os homens de Neandertal se encontraram e se misturaram. Agora com o genoma do Neandertal na mão como um marco, e tendo a tecnologia para analisar os restos antigos e extrair o DNA, nós podemos começar a aplicá-la ao resto do mundo

Eu reservei uma quitinete no Airbnb (em Ibiza), peguei as passagens do avião, consciente do que esse valor gasto por dois dias representa para outros. Eu sacudo minha vergonha como uma toalha de mesa cheia de migalhas. Alguns me consideram terrivelmente rico enquanto para outros eu sou miseravelmente pobre

O primeiro lugar onde nós o fizemos foi no sul da Sibéria no maciço de Altai, em Denisova, onde os arqueólogos acharam numa gruta montanhosa, em 2008, um pedacinho de osso proveniente da última falange de um dedo mindinho tão bem conservado que foi possível determinar o DNA desse indivíduo e compará-lo com o genoma do Neandertal e o genoma das pessoas de hoje em dia. Chamamos esse grupo de humanos, que descrevemos pela primeira vez a partir desse minúsculo pedacinho de osso, de hominídeos de Denisova, por causa do lugar onde foram descritos pela primeira vez. Podemos nos perguntar então sobre os homens de Denisova a mesma coisa que sobre os homens de Neandertal: teriam eles se misturado com os ancestrais das pessoas de hoje em dia? *"The cottage is great, good bed."* As boas camas são importantes para uma reconciliação sem briga, porque não há briga propriamente dita, há esta mulher, minha mulher, que está perdendo o seu gosto, seu cheiro. Eu não sei bem como abordar o tema. Não há mais vestígios de você em casa. Não há cheiro de merda no banheiro depois que você usou. Não mais tuas calcinhas sujas ao pé da cama quando a noite vem, tuas calcinhas estão imaculadas. Não mais o cheiro da tua pele de manhã misturando o teu perfume com o aroma do café quando você vai à escola, só café e perfume. Parece que a Nescafé fez contrato com a Chanel

Graças ao estudo do genoma dos homens desaparecidos, começamos a ver uma imagem daquilo que seria o mundo quando os humanos modernos começaram a deixar a África. No Ocidente havia os homens de Neandertal; no Oriente os homens de Denisova, talvez até outras formas de humanos que ainda não descrevemos. Não sabemos exatamente onde se situam as fronteiras entre esses genes, mas sabemos que no sul da Sibéria estavam os dois: os homens de Neandertal e os homens de Denisova. Os homens modernos apareceram em alguma parte da África, eles partiram da África, sem dúvida rumo ao Oriente Médio. Eles encontraram os homens de Neandertal. Eles se misturaram. Eles continuaram a se espalhar pelo mundo. Eles encontraram os homens de Denisova, se misturaram com eles e continuaram no Pacífico. Em seguida essas primeiras formas de humanos, os homens de Neandertal e os homens de Denisova, desapareceram, mas continuam a viver um pouco hoje em dia em alguns de nós

Portanto, o que aprendemos estudando os genomas de humanos de hoje e os humanos desaparecidos? Muitas coisas, mas é importante sublinhar uma, que a gente sempre se misturou

À medida que nos distanciamos e ampliamos nosso foco, à medida que voltamos ao passado, à medida que viajamos no espaço e no tempo, nós descobrimos que os ramos de onde nascemos foram separados, distanciados uns dos outros, e depois subitamente em alguns períodos eles se reuniram, se encontrando, se enraizando, se fusionando antes de se separarem de novo e talvez juntando-se outra vez mais adiante, em outro lugar

Obrigado pela atenção

Primeira mensagem de meu cunhado em vinte e dois anos. "Valentine está na minha casa, bem mal na verdade. Ela não quer te encontrar. Disse que você come salsichas durante a semana e banana no fim de semana. Eu imagino que a banana seja ela?"*

---

* O texto da conferência foi extraído de uma intervenção de Svante Pääbo, "Pistas de ADN para o Neandertal que há em nós", na conferência TED 2011. (Sobre o tema, cf. igualmente seu livro, *À la recherche des génomes perdus*, prefácio de Jean-Claude Ameisen, Paris, Éditions Les Liens qui Libèrent, 2015.)

3

Na manhã seguinte, muito cedo. Valentine passou a noite no sofá. Ela não dormiu, talvez tenha no máximo cochilado. Uma jovem entra. Ela acha que está só, se sobressalta quando Valentine se levanta com dificuldade do sofá.

VALENTINE: Perdão. Perdão. Eu sou Valentine, a irmã de Paul. Me desculpe. Eu sinto muito. Eu não queria ter te assustado. Manhattan? Manhattan é você?

MANHATTAN: Senhora Johansson?

VALENTINE: Manhattan, mas é inacreditável! O que você está fazendo aqui? Que coincidência!

MANHATTAN: Sou eu

VALENTINE: Pois é, eu estou vendo bem, é você. Você conhece meu irmão? Eu não sabia que você era amiga de Paul

MANHATTAN: Eu não sei se eu diria "amiga". Eu cuido da casa

VALENTINE: Que ótimo! Se encontrar por acaso

MANHATTAN: Paul me deixa a chave. Assim ele não se preocupa comigo. Foi a senhora quem deixou a porta aberta?

VALENTINE: Você começa cedo

MANHATTAN: Eu faço o meu horário

VALENTINE: Eu penso sempre em você. Por onde você anda?

MANHATTAN: Eu não sei. Em que nível?

VALENTINE: Tua vida. Teus projetos. Você gosta de Paris?

MANHATTAN: Aqui não é bem Paris

VALENTINE: Mas você aproveita? Você vai lá frequentemente?

MANHATTAN: Na verdade não

VALENTINE: Eu me perguntava o que tinha acontecido com você

MANHATTAN: Quê?

VALENTINE: É impressionante

MANHATTAN: A senhora ficou decepcionada

VALENTINE: Manhattan, eu acho que já prescreveu. Pode me chamar de "você"

MANHATTAN: Não sei

VALENTINE: Somos duas adultas. Ou nos tratamos por "senhora" ou por "você", é você que escolhe

MANHATTAN: Ok vamos nos tratar por "você"

VALENTINE: Em boa hora

MANHATTAN: A senhora, você está fazendo o que na casa do seu irmão?

VALENTINE: Já faz muito tempo que você trabalha na casa dele?

MANHATTAN: Deve fazer um ano

VALENTINE: A gente não se vê muito

MANHATTAN: Às vezes ele fala do sobrinho. Arthur, né? Ele disse que poderia se tornar uma boa pessoa se

VALENTINE: Se o quê?

MANHATTAN: Ele parou aí

VALENTINE: Vocês se dão bem?

MANHATTAN: Paul e eu? É, ele não fica muito em cima

VALENTINE: Paul sempre detestou isso. Cuidar da casa. Em todos os sentidos. Quando ele era adolescente, eu quase tomei um copo de urina que pensei que era limonada e estava numa garrafa cheia perto da cama. Ele tinha uma preguiça enorme de ir ao banheiro no fundo do corredor à noite. É nojento contar isso de alguém. E você ainda escreve?

MANHATTAN: Eu nunca escrevi

VALENTINE: Não é verdade, eu sempre fiquei bem impressionada com o que você escrevia

MANHATTAN: A senhora que me fazia escrever

VALENTINE: Ah não fala isso. Ninguém podia te obrigar a fazer nada, nem te impor o que quer que fosse

MANHATTAN: É. Bons tempos

VALENTINE: Quê?

MANHATTAN: A escola

VALENTINE: Acho que você não diria isso na época. Sabe a sua vida está longe do fim

MANHATTAN: A da senhora também

VALENTINE: Por que você está dizendo isso? Vinte e dois anos?

MANHATTAN: É isso. A senhora vai, você vai ficar muito tempo?

VALENTINE: De jeito nenhum. Na verdade não sei. Eu adoraria voltar a estudar

MANHATTAN: A senhora Johansson já sabe o suficiente

VALENTINE: Para esse momento da minha vida talvez não

MANHATTAN: "Eu só queria tentar viver o que surgia espontaneamente em mim. Por que era tão difícil?"

VALENTINE: *Demian,* Hermann Hesse. Sim é exatamente isso. Você lembra?

MANHATTAN: A gente fez um bazar nesse fim de semana. Eu reli o livro antes de vender

VALENTINE: Ah? Ok

MANHATTAN: Ninguém queria o livro. Nem a cinquenta centavos. Então a gente deu

VALENTINE: Você não teve vontade de ficar com ele?

MANHATTAN: Eu passei adiante pra um cara como brinde de um aparelho de *fondue*. Ele não vai ler. Vai acabar como calço da mesa

VALENTINE: Está servindo para alguma coisa

MANHATTAN: E os filhos da senhora?

VALENTINE: Então, tem o Arthur que está no nono ano e se tornará uma boa pessoa se eu deixar ele em paz eu imagino, e o Aube que foi estudar nos Estados Unidos, em Nova York, Columbia, no norte de Manhattan. Você já foi lá?

Manhattan canta a "Canção do no name"

Na periferia
O asfalto e o morro se roçam
Tem uma roça onde a cidade se afoga
Lugar em que nasci
Não tem tragédia aqui

Manhattan te adianta

Manhattan parecia distante e rara
Nova York que é uma porrada na cara
Lá mamãe pode soltar a fera
Até do beque ela se libera

À deriva entre shoppings e hotéis de beira de estrada
Lojas de construção mulheres chorando por nada
Muito mais carro do que ser humano
Passantes zumbis nos duty frees
Lá onde eu cresci
Não tem tragédia aqui

Manhattan te adianta

Não há centro no centro do centro de
Nada eu sou descentrada
Meu umbigo é o do vizinho
Mais longe do centro que eu você se perdeu
Menos central não tem igual

Mamãe você me deu o coração que bate
Da maior cidade do mundo
Pulmão da grana e da arte
Um nome ofegante
Explosivo na mão
Fumegante coração na palma detonada

Manhattan te adianta

Rafaéis Henriettes Apollines
Em Manhattan foram passear
Durante as férias de verão
Conheceram tudo por lá
Desenfreados por minhas ruas
Choraram minha explosão
Admiraram minha reconstrução

Manhattan te adianta

Os Brooklyn os Kevin
As Chanel as Sheina os Jimmy e companhia
Armaram um clube
Com um ponto em comum
O solo americano nunca foi de nenhum

VALENTINE: Foi pra mim?

MANHATTAN: Não foi para a senhora

VALENTINE: Para quem?

MANHATTAN: Nem sempre a gente sabe quem escuta

VALENTINE: Às vezes a gente é burro. Faz perguntas burras

MANHATTAN: A senhora que está dizendo. Eu não trabalho para qualquer um

VALENTINE: Você escolhe teus serviços?

MANHATTAN: É a vantagem de ter poucas necessidades

VALENTINE: Quais são seus critérios? Por que Paul?

MANHATTAN: A gente se encontrou no 13 de novembro. Em um *kebab*. Por acaso. Nem eu nem ele sabíamos pra onde ir, mas era impossível ficar fechado em casa, a gente precisava de ar. Paul saiu assim que ficou sabendo das explosões perto do estádio, da matança nas varandas dos cafés, dos reféns no Bataclan. Eu tinha deixado meu padrasto na frente da TV. Minha mãe já tinha se deitado. Eu estava com fome. Mas de nada que tinha na geladeira. No *kebab*, Paul e eu éramos os dois únicos clientes. Seu celular não parava de tocar. O dono do lugar estava nervosíssimo

"Vamos ser punidos. Vão confundir tudo. Eles vão pôr tudo no mesmo saco. Tudo vai ser nossa culpa"

— É claro que vocês magrebinos..."

Paul não teve tempo de acabar

"Que que você disse, chefe, os 'magrebinos'? Você tem razão, não é, a senhorita, nós somos caras bacanas. Molho branco? Cebola? Molho árabe?

— Completo — disse Paulo — Eu durmo sozinho essa noite. Meu cunhado que trabalha com DNA disse que a cor da pele é apenas uma diferença superficial

— Ninguém mais escuta os cientistas chefe..."

"Isso está acontecendo nesse momento sabe, nesse momento." E Paul enfiava o dedo no meu ombro como se isso lhe ajudasse a se dar conta melhor. Kader abaixou a porta de ferro. A gente ficou lá mastigando o pão e a carne com molho escorrendo, nossos três iPhones no balcão. Kader perguntou a Paul o que ele fazia

"Eu pinto quadros, enfim, e esculpo também, eu faço umas coisas

"Ah é tipo Michelangelo?

"Isso

"E você é conhecido chefe?

"Não, eu não sou conhecido, como você pode ver você não me conhece

"É mas no seu clube você é conhecido? Meus *kebabs* são conhecidos e ainda assim tem a concorrência, chefe, mas tem gente que acha que o *kebab* do Kader é o melhor e o mais barato

"No meu clube é muito agitado, você pode ser alguém, seis meses depois um novato toma o seu lugar

"E se ganha?

"Olha, dá pra ganhar bem, e ganhar menos, e depois não ganhar nada

"É do tipo que representa alguma coisa ou do tipo que não representa nada? Tem quem se amarre quando não representa nada

"Você se amarra?

"Não é que eu me amarre ou não me amarre, chefe, eu não conheço nada disso

"Não precisa conhecer, você olha e então isso te provoca alguma coisa ou não

"O que acontece aqui é irrepresentável"

"Eu achei que tinha pensado mas eu tinha dito em voz alta. Paul deu um salto. Ele não conseguiu se conter. Eu estava atracada com o *kebab*, eu quase não tinha falado. Ele não esperava por isso

"Pô, chefe, mostra aí as tuas... coisas?"

Paul poderia ter nos mostrado tudo naquela noite, ele tinha metade do trabalho no iPhone e a gente teria dito: "É bonito, é lindo, é forte e pungente, eu vejo, eu vejo muito aí" e Kader teria visto a própria mãe, porque de primeira os magrebinos sempre veem a mãe e depois

41

ele teria visto outras coisas, coisas que eram só dele, e eu teria pensado em você senhora Johansson, eu teria visto o que se pode ver quando a gente quer ver, o que se consegue ver se a gente aceita ver

Paul sabia que naquela noite a gente teria achado tudo intenso e ele não queria isso. Era uma reunificação nacional, a gente se tocava mesmo tendo acabado de se conhecer, abraçados com lágrimas nos olhos, estamos juntos, estamos vivos, somos humanos

Talvez se Kader e eu tivéssemos visto as obras de Paul na véspera, a gente teria dito, é hiper-provável:

"Mas ele se leva muito a sério, eu também poderia ter feito algo assim, espera, quanto você tem que pagar para ter uma merda dessas na sua sala? Mas o cara quer abrir uma loja de almofadas ou o quê? Calma aí, se quer arte pendura um pôster da Monalisa"

A gente saiu às 4 horas da manhã, empanturrados das mesmas imagens e dos mesmos comentários. Paul disse: "Você pode dormir lá em casa." É verdade que é forte. Mas não é só isso. Era realmente um lugar e eu tenho quase sempre o hábito de não estar em lugar nenhum. "Não presta atenção na bagunça. Os lençóis estão limpos." Ele os colocou sobre a poltrona. Ele ficou tomando água na pia por não sei quanto tempo. Ele botou a cabeça toda debaixo da torneira, um filete de água escorreu sobre seu pescoço

"Eu vou sair. Preciso trepar

"Eu não ligo

"De quê?

"De trepar

"Tem certeza?"

Foi assim que a gente se conheceu e que eu passei a cuidar da casa dele

VALENTINE: Ah, é? Saquei. Tá bom. Entendi.

MANHATTAN: A gente não está namorando, senhora Johansson

VALENTINE: Eu sei o que é transar Manhattan. Eu estava com a minha filha, essa noite, no 13 de novembro, sozinha com ela. A gente assistiu a um filme romântico. Esse tipo de filme que a gente já viu antes mesmo de ver. Ela ainda gosta e eu não desgosto. Depois dessa injeção de açúcar a gente soube da notícia. Ela berrou: "Você, você já viveu, sabe, a sua vida é boa. Mas eu, você acha que me interessei pela minha vida até agora? Você acha que é interessante os pais, a escola, os deveres de casa, as espinhas, Beyoncé e Molière, *Jogos vorazes* e os estudos sociais? É agora que começa a ficar interessante. E corro o risco de tomar um tiro sem tomar minha primeira cerveja? Sem ter vivido nada que valha a pena? Nada que seria memorável em uma biografia? Eles não poderiam ter escolhido os velhos? Eles não poderiam ter escolhido vocês? Vocês tiveram sorte. Vocês tiveram sorte até demais, a tua geração, espero que você saiba. Vocês não tiveram nenhuma guerra. Vocês viveram tranquilos, vocês fizeram suas vidas sem se preocupar com nada. Nem mesmo com o futuro. Vocês não se incomodaram. Nem com os vândalos ou com os mortos de fome. E vocês nos pedem para sermos bem-comportados? Vocês saquearam tudo. A Terra é uma doente terminal no CTI, ela está muito quente, ela tem problemas de água, ela tem gás carbônico, e ninguém está nem aí. Quando todos os Estados se dignam a se debruçar sobre seu caso, eles recomendam um pequeno reparo. 'Ah, valeu', diz a Terra. 'Realmente bem legal, eu vou viver um minuto a mais, obrigada, que gentil.' Os terroristas são os franceses desajustados, alucinados que estouram a própria cabeça sem saber mesmo em nome de quê. Na véspera, eles estavam roubando tabacarias, fumando maconha, sonhando em virar o Griezmann, em duas semanas, eles deixam crescer a barba, pegam uma Kalachnikov e estraçalham tudo a sua volta. Quando eles se explodem eles são burros o suficiente para pensar que vão encontrar não sei quantas virgens já que nem conhecem um único capítulo do Corão de cor e nunca fizeram gozar uma única namorada.

"Não eu não estou simplificando, não estou não. Nós somos incapazes de acolher um pouco da miséria do mundo, a lista dos super-ricos e dos superpobres cresce a cada dia, os bancos investem em energia renovável para polir sua imagem enquanto gastam o triplo em poços de petróleo. Não dá pra acreditar em ninguém. Temos que abrir os olhos para tudo, descobrir que nada é como nos contaram, sem com isso nos tornarmos paranoicos e acabarmos caindo na teoria da conspiração, que nem os jovens que votam na extrema direita. É uma catástrofe, cara, uma catástrofe, e o pior é que eu não sinto, eu estou de boa, estou de barriga cheia, com o sono em dia, entediada com minha ladainha de adolescente de merda, eu vivo onde você tem a impressão que nada mudou e que nunca mudará – nem mesmo os imigrantes querem vir na nossa casa, pode imaginar uma coisa dessas? Você está lá, você e outros, querendo ajudar os imigrantes, a gente tem apartamentos disponíveis, garagens cheias de torradeiras, cobertores, roupas, aposentados supersimpáticos prontos para ensinar francês e fazer bolos, mas nenhum deles quer morar nesse canto da província. Eles estão em toda parte mas preferem tudo e qualquer coisa a vir para a nossa casa. Eu não quero mais viver aqui e não quero morrer em uma varanda de café.

"Entendeu? O que você acha? Eu sei bem que vocês são pessoas boas. Eu vejo muitos adultos assim, mas não é o suficiente. O que vocês fizeram? Vocês simplesmente deixaram a coisa rolar. Vocês são a geração do 'já é alguma coisa'. Você mais do que ninguém. Professora de francês. Um aluno comete três em vez de dez erros de ortografia numa frase: 'Já é alguma coisa!' E com papai, o seu marido: 'Já é alguma coisa'? E a sua casa? E as suas férias? E nós, seus filhos? 'Já é alguma coisa'? 'Não é bem o top do top mas poderia ser pior'? E o mundo: 'Já é alguma coisa'? O que a gente pode fazer é agir em nível local: Já é alguma coisa.' Não, sabe, isso não parece o suficiente. Precisamos agir em todos os níveis. Você pode me dizer como agora está melhor do que antes? Não basta dizer que a catástrofe vai chegar mas que a catástrofe já chegou. Eu só quero viver, entendeu, eu quero viver"

MANHATTAN: Ela ainda tem energia

VALENTINE: É isso aí, ela está vivendo o seu ano zero. O primeiro que contará na sua biografia

MANHATTAN: A senhora largou o colégio Jules-Ferry? Por que é engraçado?

VALENTINE: A senhora tem razão, Manhattan, eu não posso te forçar a me tratar por você. A gente vai se tratar por senhora, vai ser muito mais simples

MANHATTAN: Se a senhora prefere

VALENTINE: A senhora não consegue me chamar de você. E a senhora vai trabalhar como empregada a vida toda?

MANHATTAN: Já é alguma coisa

VALENTINE: A senhora não Manhattan

MANHATTAN: Eu me sento na cadeira de balanço da minha mãe e me deixo embalar. É uma cadeira de balanço comprada em loja de departamentos. Um dos braços sempre se desencaixa. Eu me balanço. Eu consigo me balançar bem rápido

VALENTINE: Tem um livro que fala disso. Eu tenho que me lembrar

MANHATTAN: *O balanço,* de Samuel Beckett?

VALENTINE: Eu vou estrangular a senhora, Manhattan. A gente conseguiu um boletim bonito, mesmo que você supostamente estivesse muito mal na escola desde o sexto ano, a gente encadernou o seu caderno de poesia, a sua mãe veio escutar, nós conseguimos levá-la até lá, ela entendeu que você tinha escrito essas palavras encadeadas umas às outras, ela ficou orgulhosa, você sorriu, o único e verdadeiro sorriso sincero que eu vi aparecer na sua cara de lua, seu novo padrasto parecia firme, vocês tinham se mudado para perto de Paris, tudo se abria para a senhora,

Manhattan, porra, era tão difícil de manter a porta aberta? Você fez o que no vestibular?

MANHATTAN: Eu parei no último ano

VALENTINE: Vou estrangulá-la por muito tempo. Hoje em dia o diploma do ensino médio a gente distribui de graça com um pão doce! Manhattan, a senhora conhece os autores que todo mundo finge que leu e você não se dá o trabalho de prestar vestibular? Eu ao menos esperava ter lhe ensinado uma língua, não o francês apenas, uma outra língua de troca para a vida cotidiana, o bê-a-bá de um comportamento de base para avançar, ser aceita, se inserir

MANHATTAN: Eu não me queixo. Nem te acuso

VALENTINE: Mas eu me queixo, Manhattan, eu me queixo. Eu quero justiça, eu lhe peço justiça. Quando foi que a coisa parou?

MANHATTAN: Não me interesso por isso

VALENTINE: Passar aspirador é o que lhe interessa?

MANHATTAN: Eu penso em outra coisa

VALENTINE: É bem mal paga para pensar em outra coisa, enquanto poderia estar ganhando um pouquinho mais para pensar sobre Beckett

MANHATTAN: Não é porque eu li um livro de Beckett por acaso

VALENTINE: A senhora não está mais no nono ano, Manhattan, para se fazer de sonsa. Poderia me ceder um lugar?

MANHATTAN: A gente vai se balançar?

VALENTINE: A gente vai se balançar

MANHATTAN: Isso não é para a senhora

VALENTINE: Por quê?

MANHATTAN: A senhora não sabe ficar sem fazer nada

VALENTINE: Sei

MANHATTAN: Não

VALENTINE: Me ensina

MANHATTAN: É como essas pessoas que durante as viagens de trem colocam as mãos sobre os joelhos e ficam imóveis por todo o longo trajeto, os olhos fixos. Consegue ver?

VALENTINE: Consigo

MANHATTAN: Elas não pensam

VALENTINE: Todo mundo pensa

MANHATTAN: Não precisa mais pensar, precisa se balançar

VALENTINE: Tem que se balançar

MANHATTAN: De lá pra cá

VALENTINE: De cá pra lá

MANHATTAN: De um lado

VALENTINE: Pro outro

MANHATTAN: E depois, inevitavelmente, vem uma melodia, tem que deixá-la sair junto com o ar, entreabrir os lábios, fechar as pálpebras, não é dormir, não é pensar, é o vaivém, as plantas vivem assim, as pedras e os lagartos

VALENTINE: Manhattan, com quantos anos a primeira vez?

MANHATTAN: Que me autoembalei? Aos cinco anos senhora Johansson. Eu comecei no banheiro do jardim da infância durante o recreio

VALENTINE: A senhora enche o saco, Manhattan

MANHATTAN: Eu sei, senhora Johansson

VALENTINE: A senhora sempre vai ganhar

MANHATTAN: Nesse jogo aqui, senhora Johansson, somente nesse jogo e nele não se ganha nada

VALENTINE: Não está errado, Manhattan. Ainda assim, a senhora sabe se balançar muito bem

MANHATTAN: Balançar pela janela, senhora Johansson

4

Valentine e Manhattan se balançam para trás e para a frente, os olhos fechados, deixando escapar uma melopeia improvisada. Sven, com um casaco impermeável, carregando uma bolsa masculina, as encontra assim. Ele tem tempo de observá-las antes de Valentine abrir os olhos e vê-lo.

VALENTINE: Você não sabe bater?

SVEN: Eu bati. Estava aberta. Como estava aberta eu entrei. Claro que Paul me avisou. Você não achou que ia se esconder. Quando a gente se esconde é porque quer ser descoberto. É um jogo? Um ritual? A gente não se conhece, acho, Sven, Sven Johansson, o marido da Valentine

MANHATTAN: Manhattan

SVEN: Manhattan?

MANHATTAN: Manhattan

SVEN: Manhattan

MANHATTAN: Manhattan

SVEN: Manhattan

VALENTINE: Você vai ficar repetindo por muito tempo?

SVEN: É a tua Manhattan?

VALENTINE: Podemos dizer que sim

SVEN: Foi por ela

VALENTINE: Nada a ver. A gente acabou

SVEN: Acabou de quê?

VALENTINE: De se reencontrar. Foi por acaso. Realmente o acaso. Acaso puro. Um acaso como dizer casual, enfim entende o que quero dizer, completamente por acaso

SVEN: Entendi sim

VALENTINE: Acordei e quem estava aqui: Manhattan

SVEN: Você acorda depois de ter dormido na casa do teu irmão que você não vê nunca, você acorda e quem está lá: *tua* Manhattan

VALENTINE: Eu não dormi. E não é *minha* Manhattan.

SVEN: Faz quanto tempo?

VALENTINE: Que a gente não se vê? A gente calculou oito anos. E onde a encontro? Na casa do Paul. E eu nunca venho à casa do Paul

SVEN: Não, é verdade que você nunca vem aqui

VALENTINE: Com certeza é o último lugar onde iria

SVEN: Você com certeza achou que eu ia pensar assim

VALENTINE: Eu disse para ele não te ligar

SVEN: Eu acho que a gente fala pouco do Papa, da ação do Papa. Eu leio artigos sobre o Papa, sobre a Cúria, e fico muito impressionado. É um sagrado reformista. É fascinante ver essas pessoas que estão no topo de impérios colossais, imemoriais e imóveis tentando mover a estrutura e observá-las lutando contra as forças externas, mas também internas – as mais subterrâneas e hipócritas –, vê-las enfrentando a corrupção do sistema do qual elas próprias fazem parte, tentando barrar sua gangrena, regenerá-lo, revitalizá-lo

Eu com frequência me abstenho e me desconecto da situação em que estou. É uma qualidade de cientista. Qual situação? Esses reencontros absurdos em que me torno testemunha da minha mulher, uma quarentona fugitiva e inodora em plena pós-adolescência e pré-aposentadoria que foi se esconder na casa de seu inimigo íntimo, seu irmão, e que, como uma avestruz cansada e desorientada, esperava que eu não a encontrasse. E com quem ela esbarra? Por acaso, enfim, aceitando a sua versão dos fatos, com a encarnação personificada da sua vocação de pedagoga, sua Manhattan, como poderíamos dizer "um Tartufo" ou "um Don Juan". Poderíamos dizer "uma... qualquer coisa" também. A Manhattan é uma mistura de tudo que convencionalmente se encontra de mais odioso e mais genial nos adolescentes. A Manhattan sempre foi um combustível eficaz e a cada volta às aulas eu desejo que apareça uma para minha mulher, mesmo que eu nunca diga isso abertamente para ela, ela se irritaria extremamente, porque cada Manhattan traz em si um fracasso em potencial, e o papel do professor, é claro, como em um bom filme de domingo à noite, é transformar o provável fracasso em um sucesso inesperado. É isso que ocupa, em modo de produção industrial, a vida de um professor, um ano inteiro, sem nenhuma garantia do final do filme. Até o momento, todo novo ou nova Manhattan permaneceram naturalmente inferiores ao modelo, *a* Manhattan nunca foi igualada nem em suas capacidades de perturbação nem em suas capacidades intelectuais. Aqui estou face à Manhattan original e experimento a mesma decepção que a gente sente quando encontra uma estrela de verdade

Quando as encontrei, elas se balançavam, estavam se balançando como doentes, psicóticas

Comparemos minha família com o Vaticano, por que não? Sem necessariamente me pintar como herói, renuncio às vestes do Santo Padre – ainda que deva ser estimulante andar por aí de vestido branco, sobretudo quando se é homem, eu sei do que estou falando, eu já tenho o hábito do jaleco branco que dá um certo carisma a um homem e um *sex appeal* inegável a uma mulher. Valentine e eu brigamos pela mesma instituição, nosso casamento, nossa família, que nos quer bem, tanto a um como a outro, eu espero, e na qual nós acreditamos, ou pelo menos acreditávamos, a dúvida faz parte da fé. Valentine foi progressivamente diminuindo toda a participação ativa. A resistência passiva é muito utilizada, parece, na santa Cidade contra as reformas em curso, não é uma recusa clara, mas uma barreira morna, uma oposição mole, quase invisível, atrozmente eficaz. Só que ao contrário do Papa, e esse é meu erro, nunca empreendi nenhuma reforma no meu casamento ou na minha família. Nunca manifestei nenhuma ambição nesse sentido. Mais grave ainda, nunca dei atenção aos mil ajustes, arranjos, furos que cometi, sem pensar nisso desde que assinei o contrato inicial. Terei pervertido sem perceber a própria ideia de família e de casal? Eu vivi sobre as suas costas de animal bem gordo e sem alimentá-lo acabei caindo sobre seus ossos. Os homens da Igreja que se presenteiam, graças aos desvios dos fundos das obras de caridade vindo de doadores, zé-ninguéns como eu e você, com apartamentos luxuosos, festas suntuosas em vez de salvarem crianças da morte, da doença, da miséria talvez no início já tenham experimentado uma fé verdadeira, sincera, pura. Como se opera essa transformação? Seria ótimo observá-la no microscópio. O que é incrível nesse Papa é que ele se apoia sobre os fundamentos, os princípios de base da Igreja católica: a pobreza e a misericórdia. Seria ótimo se os políticos agissem da mesma maneira. Levando novamente as bases para o centro. São sempre mulheres e homens impressionantes que redefinem simplesmente o porquê das instituições. Por quê, como, para que serve. Por que a escola? A medicina? O Estado? A pesquisa? Por que a arte? Por que e como estou agindo? Em breve ele vai autorizar o uso do preservativo

VALENTINE: Você não vai falar mais nada?

SVEN: Eu estava pensando no Papa. Me perguntando o que o Papa pensaria de nós. [*Evocando Manhattan.*] Ela foi embora?

VALENTINE: Você virou religioso?

SVEN: Nada a ver

VALENTINE: Você nos imagina a sós um com o outro depois que as crianças partirem?

SVEN: Por que você não está com os teus alunos, Valentine?

VALENTINE: Eu estou no escuro, como na viagem de carro em que a noite se transforma em matéria que é preciso atravessar, um tecido, um muro

SVEN: Não pode fazer isso em casa?

VALENTINE: Já faz muito tempo que eu disse que não estava indo bem

SVEN: É, então por que não continuar assim?

VALENTINE: É terminar ou permanecer junto que é fácil?

SVEN: Fácil também é bom

VALENTINE: Enquanto casal eu não vejo o que podemos nos dizer de novo

SVEN: Enquanto casal tudo foi dito

VALENTINE: E a gente não vai se expor ao ridículo

SVEN: Arthur tem herpes genital

VALENTINE: Arthur tem 15 anos

SVEN: Sim

VALENTINE: Você quer que eu volte para casa de verdade?

SVEN: Temo que isso não tenha nada a ver

VALENTINE: Mas parece feito para ter. Nos preocupamos tanto com Aube. Eu achava bom deixar o Arthur tranquilo

SVEN: Ele não está mal na escola. Sua vida não está em perigo. Ele apenas contraiu herpes de tipo 1

VALENTINE: Se é de tipo 1 fico completamente tranquila

SVEN: É de fato muito menos problemática que o herpes de tipo 2

VALENTINE: Ah não, por favor, não começa com tuas explicações, não escapa assim

SVEN: Como?

VALENTINE: Me explicando através de um cardápio de termos absolutamente obscuros a doença do meu filho, como se eu estivesse em uma sala de espera de hospital, onde todo mundo só abre a boca para perguntar as questões que importam. É grave?

SVEN: Não

VALENTINE: E tem cura?

SVEN: Não. Não dá para se livrar do vírus no organismo

VALENTINE: Ele vai coçar os bagos para o resto da vida

SVEN: Você tá falando do teu filho

VALENTINE: Ele pegou essa nojeira de quem? Não me diga que essa pergunta não tem nenhuma importância

SVEN: Essa pergunta não tem... A mãe do Tom me ligou. Ela tentou falar com você sem sucesso

VALENTINE: Ela se chama Élise

SVEN: Ela estava muito agitada a Élise, achando que Arthur tinha algo íntimo a me dizer porque Tom lhe tinha dito qualquer coisa íntima a respeito de Arthur

VALENTINE: Toda a província está a par

SVEN: Achei que Arthur não estava bem

VALENTINE: Desesperado

SVEN: O que você está fazendo?

VALENTINE: Traduzindo

SVEN: E ele me disse com certa calma

VALENTINE: Em lágrimas

SVEN: O que ele tinha. Precisou de tempo para me mostrar as lesões

VALENTINE: Suas chagas purulentas. Que horror!

SVEN: Ele ficou aliviado porque lhe passei um diagnóstico muito mais benigno do que ele esperava

VALENTINE: Você não é médico

SVEN: Na emergência o médico deu o mesmo diagnóstico que eu e lhe passou um tratamento

VALENTINE: Não tem cura

SVEN: Digamos que é tratável, mas não curável. O tratamento permite viver com o vírus e espaçar as crises

VALENTINE: Ele se queixava de dores musculares, dores de cabeça e eu fui tratar com homeopatia, suco de laranja e reclamação. Você não sabia quem era?

SVEN: Quem o quê?

VALENTINE: Quem está coberta de herpes e a transmitiu a seu filho. Ele faz amor

SVEN: De repente essas palavras solenes

VALENTINE: O que ele está fazendo então?

SVEN: Não sei se é amor

VALENTINE: Se a gente não faz amor aos 15, não sei quando fazemos

SVEN: Em todo o caso não aos 40, no que te diz respeito

VALENTINE: Um assunto depois do outro se não se importa

SVEN: Se vira com isso

VALENTINE: Ele tem relações sexuais. Isso já é uma novidade. Para mim, sim. E sem camisinha, é chocante. Se a gente juntasse todas as noites que passamos falando com total liberdade e compreensão de contracepção, das primeiras relações, dos riscos das doenças venéreas, das alegrias do amor físico, teríamos dezenas de horas registradas que poderíamos ceder para a TV educativa

SVEN: Ele tinha certeza de que estava com Aids, mas fazer um exame de sangue estava fora de questão

VALENTINE: E ele não conversou com ninguém, só com Tom

SVEN: E com teu irmão talvez. Quando Paul avisou que você tinha aparecido na casa dele, inesperadamente, Arthur ficou aliviado. Disse que Paul era um bom conselheiro, que eles conversavam pelo Snapchat

VALENTINE: São fotos? Ele conversa sobre sua herpes genital com seu tio por foto?

SVEN: Que fazemos com o final de semana em Ibiza? Mesmo se a gente não for, já está pago. Você pode ir sozinha se preferir

VALENTINE: Vai você. Tenho certeza de que os proprietários vão te apresentar a pessoas muito legais

SVEN: É uma proprietária

VALENTINE: Mais uma razão

SVEN: Por quê? Não tenho nenhuma vontade de encontrar a proprietária

VALENTINE: Vai fazer você arejar as ideias

SVEN: É absurdo, não irei a Ibiza sem você

VALENTINE: Lembra quando você cozinhava fígado de vitela no micro-ondas para transformá-lo em múmia de fígado e extrair o DNA?

SVEN: A gente precisou se mudar de tanto que fedia

VALENTINE: Os vizinhos chamaram a polícia. Pensavam que estávamos conservando um cadáver

SVEN: O que você está querendo me dizer?

VALENTINE: Esse fígado sou eu. Estou com fome

5

PAUL: Cheguei à fatídica idade de 40 anos. Já não posso concorrer aos prêmios, às residências de artistas, participar de certas exposições, numerosas, reservadas aos artistas emergentes, à jovem guarda, aos jovens artistas. Tornei-me um *aging artist*. É uma categoria que existe. Aqui diante de você está um artista envelhecendo. Em inglês soa melhor, não? Pois é, fato. Nunca mencionei minha data de nascimento no meu CV. Um conselho dado por alguém do *métier*. Sempre me mantive em forma. Faço uma série de abdominais diária, uma limpeza de pele semanal, uma pedicure mensal, uma limpeza de tártaro semestral e um check-up anual. Frequentemente te dão dez anos a menos, mas já está, você tem 40 anos. Já está. Você já não pode mais ser precoce. Você já não é inovador, já não promove novas formas, não renova o discurso da arte. Na tua área, assim como em tantas outras, ser uma área artística não muda nada, segue-se a "economia real". Convocamos os artistas, cada vez mais jovens, para manter um ritmo cada vez mais frenético. A boca imensa do mercado da arte mastiga cada vez mais rápido, engole cada vez mais gulosamente e caga cada vez mais grosso. Uma carreira de artista plástico se iguala à de um primeiro bailarino. Você tinha vinte anos pela frente para se transformar em artista reconhecido quando saiu da Escola de Belas-Artes. Você não atingiu o "patamar do sucesso". Existem palavras como essa, nascidas não se sabe como, entre as coxas dos profissionais da profissão nos gabinetes dos ministérios, que a gente encontra em relatórios e em artigos, e das quais não consegue mais se livrar. Há cinco anos, ainda era possível que você se dissesse que estava no bom caminho. Você participou de exposições de destaque, vendeu bastante, um museu adquiriu uma das tuas obras. Nós fomos de uma geração menos estrategista que essa que vem, essa que assimilou que vender a si próprio faz parte do trabalho, hoje em dia os jovens fazem tudo ao mesmo tempo. Não são somente as obras que eles vendem, mas a si próprios enquanto trabalham ou não fazem nada. Eu me recuso a ficar amargurado por conta de garotos que são projetados brutalmente e atingem o preço de muitas dezenas de milhares de euros. Viver dia após dia com um talento que não é considerado incontestável. Seguir o trabalho dos outros sempre perseguindo o próprio caminho. Não se isolar, mas não se perder. Manter-se nessa disciplina, haja o que houver, cinco horas por dia, mesmo que não haja nenhuma demanda. Que as poucas pessoas que te esperam se tornem raras. Lutar contra si mesmo. Espremer até que saia alguma coisa. Para os outros ser o tipo que não tem horário, não tem patrão, só vida mansa. Os instantes em que a loucura não está longe. Mas também os momentos de exaltação solitária, inigualados, inigualáveis. Quando se toca em alguma coisa. Quê? Como dizer? Uma verdade? Alguma coisa que será verdade para mais alguém também? Esse acerto te parece agora inegável, então você abre um enlatado e uma garrafa de vinho seja qual for a hora, você bebe à sua saúde, você vai de bar em bar, é a tua recompensa, teus olhos brilham pelo segredo que só você possui, você convida uma garota, faz amor com ela, ela dorme com você – às vezes não, ela volta para casa, são essas que você prefere, as que se vão e amam acordar em casa porque compartilham com você o mesmo desejo de um parêntese físico, e não querem mudar nada do seu ritmo interno – finda a transa, a angústia desponta com o novo dia, você vai se reencontrar com a verdade do dia anterior e como atingi-la de novo? É cada vez mais raro. Esses "tecos artísticos" como você chama. Você não sabe mais a que eles se devem. Ao desejo de te surpreender que leva cada vez mais tempo para surgir? A um esgotamento das tuas capacidades criativas? A tua vida de homem que não nutre suficientemente tua vida de artista? Você tinha um professor nas Belas-Artes, ele dizia: "Cada criador tem um período de dez anos. Depois disso, ele já não é senão a repetição de si mesmo." Você não consegue não pensar nisso. Claro que todo o jogo está em saber onde localizar os dez anos. É isso que te faz perseverar? Você parece um lenhador diante de uma floresta sem fim. Há trabalho, você o realiza. Você encontrou esse ateliê, há alguns anos, em bom momento. Teus pais te ajudaram, mesmo não amando essa periferia considerada perigosa. Foram fiadores. E algumas vezes pagaram as contas para você.

Era normal, Valentine tinha um emprego estável, seu marido uma boa situação. Os teus pais gostam em geral do que você faz, seguem tuas evoluções, compram regularmente. É a maneira de eles te subvencionarem. Você nunca fala nesses termos. Eles não sabem que você completa o pouco que ganha com a renda mínima da assistência social. Você acumula aulas de desenho, intervenções em cursos sobre projetos artísticos e culturais, obras a torto e a direito, pagas com notas frias, nos bairros moderninhos parisienses, frequentemente reformas em apartamentos haussmanianos, onde mulheres de meia-idade admiram o que você sabe fazer com as mãos. Você se pergunta se deve virar motorista de Uber algumas horas por semana. Você se diz que é uma nova fase. Você jamais será reconhecido pela instituição, pela *intelligentsia*. O percurso não se suaviza com a idade, pelo contrário, se torna cada vez mais árido, logo já não será mais uma caminhada, mas uma escalada. Para se aposentar, você conta com a herança dos teus pais. Aos 70 anos ainda no ateliê, você vai grelhar uns espetinhos e umas espigas de milho na churrasqueira com teus vizinhos do Mali. Vocês serão aventureiros da terceira idade. Aqueles que vivem de nada nas bordas da cidade, com tatuagens opacas e enrugadas, com boas entornadas de cerveja, ataques de tosse cada vez mais longos e cavernosos e sonecas que pegam de surpresa nos sofás desbotados. Você, o branquinho, vai acabar na África a quinze minutos do Moulin Rouge

6

VALENTINE: Sempre tentei fazer bem feito. Fazer bem. E não deu em nada

SVEN: Deu em nós, as crianças

VALENTINE: Você acha isso definitivo?

SVEN: Deu em Manhattan

VALENTINE: Manhattan? É um fracasso completo

SVEN: Manhattan?! Essa é nova

VALENTINE: Me assustou pra cacete. Manhattan não é um segredo, tá? De todo modo, dá para ver a olho nu. Na primeira olhada. A gente se balança, se balança

MANHATTAN: Não compreendo

VALENTINE: Ficamos choramingando na cadeira de balanço até o fim dos tempos entre bicos e empréstimos

MANHATTAN: É uma brincadeira?

PAUL: Se chama derruba-tudo

VALENTINE: Ah olha ele lembra

PAUL: Ela é fera

MANHATTAN: É nojento

VALENTINE: Eu poderia correr uma maratona e continuar cheirando a rosas ou a nada. Não sou nojenta, Manhattan

MANHATTAN: Merda

VALENTINE: Inodora, portanto, minúscula e muito pálida. A senhora transformou meu marido em merda e meus filhos em merda. Eis-nos aqui todos cagados agora

PAUL: [à Sven] Você não pode cuidar disso?

VALENTINE: Os homens não cuidam das mulheres, Paul, você não sabe disso? Eles são totalmente incapazes

PAUL: Dar uma injeção?

VALENTINE: [designando Manhattan] Um colégio inteiro a seus pés

PAUL: Um colégio aos pés de um aluno, eu queria muito ver isso

VALENTINE: Um colégio de merda aos pés de alunos de merda que se tornam adultos de merda dirigidos por políticos de merda em um país completamente cagado

SVEN: Deu para entender, Valentine

VALENTINE: Saco cheio de ver preguiça fantasiada de problema social

PAUL: Amigos da poesia, boa noite

SVEN: Fizemos bem. O que poderíamos ter feito de diferente?

VALENTINE: Podemos fazer diferente. Eu tentei

PAUL: Quando ela era pequena era exatamente a mesma coisa. Valentine era o símbolo da perfeição enquanto eu acumulava sobre a minha cabeça um número assombroso de trapalhadas dos mais variados tipos. E sem aviso, cerca de uma vez por ano, ela cometia uma besteira, mas era monumental, de uma audácia que eu nunca seria capaz, e eu era o primeiro para quem ela contava. Era a única vez que a Joana d'Arc aceitava descer do seu pedestal e se misturava com os pobres caras da cadeia

VALENTINE: É possível que eu tenha exagerado um pouco

SVEN: Onde estão teus alunos, Valentine?

VALENTINE: Estranho você falar em cadeia. Eles acham a escola uma prisão

PAUL: Por que você não responde ao Sven? Onde estão teus alunos?

VALENTINE: Eles estão como tuas obras no porão

PAUL: Eles estão no porão como minhas merdas?

VALENTINE: Estão lá

PAUL: Quando você diz "obras" eu escuto "merdas"

MANHATTAN: Tem crianças no porão?

SVEN: É uma metáfora, Manhattan. As obras de Paul representam de certa maneira seus filhos, todo fazer artístico requer uma gestação na imagem de uma gravidez. Valentine se dedica a seus alunos, que quando são bem-sucedidos se tornam de algum modo suas obras. Tanto um quanto o outro, no início, são apenas terra fértil prestes a ser desenterrada, moldada, passando da escuridão à luz. Da escuridão da ignorância à luz do conhecimento, como dizem alguns. Da escuridão da matéria à luz da revelação sob o olhar do outro para os outros

VALENTINE: Meu querido

SVEN: [*a Valentine*] Você está pálida. Uma nuvem passa sobre Ibiza e a esconde diante de mim. Foi idiota o preço, sobretudo simbólico, que investi nesse fim de semana. Como se devesse viver em apneia até lá. Tenho vontade de explodir as narinas com uma lufada quente de lavanda. Desconexão da situação. Tomada de distância. Mau sinal. Proximidade de um acontecimento violento

PAUL: E eles estão fazendo o que com as minhas obras?

VALENTINE: Receio que eles estejam dormindo em cima

MANHATTAN: Estão ou não estão no porão?

SVEN: Claro que não. Valentine! Você pode explicitar essa nova metáfora? Eu tenho uma interpretação mas não queria parecer indelicado perante Paul.

PAUL: [*a Valentine*] Por que você tem necessidade de ofender o que eu faço? Por que você nunca teve coragem de dar um passo adiante e se refugia nesse emprego de funcionária que já não te satisfaz?

VALENTINE: A turma 9C oscila desde o início entre inoperância e sentimento de abandono. Quero sacudi-la mas descubro que estou no mesmo estado. Estado que, tomo consciência brutalmente, na sala dos professores, em meio a meus colegas diante de um café morno em uma taça rachada, está generalizado na escola, na cidade, no país. Falta-nos um projeto singular. Paralelamente ao curso de história da descolonização, escolhi estudar um romance de Alain Mabanckou e assistir em Paris com os alunos à sua aula inaugural no Collège de France. E como posso dizer

MANHATTAN: Eles cagaram e andaram

VALENTINE: Exatamente. Foi Chloé, que de costume irrita seus colegas pela excelência de suas notas e de sua conduta

MANHATTAN: A puxa-saco, primeira da turma, óculos e aparelho no dente

VALENTINE: A senhora a conhece?

MANHATTAN: Todos a conhecem

VALENTINE: Não falemos nada contra as Chloés, últimos e frágeis baluartes contra a explosão do sistema educacional francês. É Chloé quem dá vida ao projeto. Ela entrou em relação via redes sociais com um jovem imigrante nigeriano decidido a vir à Europa

MANHATTAN: É evidente que eles estão no porão

VALENTINE: É o correspondente de um novo gênero. Daniel se torna nossa principal razão de reunião. Toda a classe segue os avanços e recuos do jovem Daniel. Temos uma caderneta em que registramos as mensagens. Eles se cotizam para enviar dinheiro ao rapaz.

SVEN: Os pais estão a par?

VALENTINE: Tudo se torna concreto, necessário, coerente. A turma não cessa de progredir. A cada noite releio Ivan Illich

PAUL: Quem é?

SVEN: Ivan Illich, um dos primeiros pensadores da ecologia política nos anos 70

VALENTINE: A escola, os transportes, a medicina são instituições que distanciam seus clientes dos fins para os quais foram concebidas

SVEN: A escola deixa burro, os transportes paralisam e a medicina deixa doente

VALENTINE: Se hoje em dia somam-se as ameaças de todos os tipos, climáticas, terroristas e econômicas, somente a prática da amizade, da convivialidade, *convivir*, "viver junto", pode tornar possível enfrentar esse abismo

PAUL: E na prática a gente faz como?

MANHATTAN: Na prática? A gente fecha os menores no subsolo e trata as pessoas como fracassos sobre patas depois de lhes ter oferecido amizade no contexto de uma discussão convivial

SVEN: Não tem nenhum menor em porão nenhum Manhattan. Como é que uma ideia tão disparatada pode te ocorrer?

A barba de Paul. Seu adereço. Paul se apropria da barba muçulmana na esperança de ser estigmatizado. De conhecer enfim esse sentimento que lhe é interditado. Ele deseja carregar os traços de carrasco ou da vítima em potencial para se autopunir pelo que ele é, um ocidental branco de tradição cristã, que se banhou no conforto a vida inteira. Teria sido capaz de se circuncidar e carregar a estrela amarela durante a Segunda Guerra Mundial? Os artistas caem às vezes em atitudes deslocadas. Toda a possibilidade de se interessar pelo outro passa desde o início por uma encenação de si próprio muitas vezes inconsciente. Um *bis* da desconexão da situação. A catástrofe é iminente

VALENTINE: Quietos. Vamos escutar. Eu não vou repetir e será como dado, estou avisando. Não é proibido fazer anotações. É até recomendável. No, literalmente, "livro das caras", dito de outra forma, Facebook, os alunos tiveram a feliz surpresa de saber que Daniel chegou são e salvo a Paris. Que coincidência! Eles também estão em Paris para uma viagem escolar de dois dias. O jovem Daniel propõe que venham até Saint-Denis. Em situação irregular, ele prefere não se deslocar pelo centro de Paris. Os alunos alegres por conhecer seu novo amigo em carne e osso pedem com insistência à professora autorização para encontrá-lo. Em breve faz seis meses que eles se correspondem. Manhattan, senta no seu lugar e não cochicha com o amiguinho. Depois de pegarem o trem, eles esperam no lugar marcado, o pátio de um prédio, e vão parar no meio de uma emboscada. Quatro homens, entre 20 e 30 anos de idade, dentre os quais o jovem Daniel, levam seus celulares e seu dinheiro vivo antes de desaparecerem. Os alunos, chocados, são tomados pela imensa incompreensão. Eles acusam Daniel. Helmut, o assistente de alemão, bem que tenta em um francês hesitante defendê-lo. Não teria ele, por conta de sua situação, circunstâncias atenuantes? Mas os alunos se recusam a escutá-lo. Eles só têm uma ideia na cabeça. Voltar para sua Normandia acolhedora e tranquila. Reencontrar suas camas, seus bichinhos de pelúcia, a bolonhesa da mãe e o sofá diante da TV, afinal o que é que lhes foi tirado que eles mais gostam neste mundo? Paul?

PAUL: Os telefones celulares?

VALENTINE: Exato

MANHATTAN: Não tem metáfora aqui, nenhuma metáfora. Tem descompensação psíquica

VALENTINE: A professora tem, pelo maior dos acasos, um irmão que mora a poucas ruas do lugar. A professora e os alunos vão para lá. Como o irmão está ausente, a professora se lembra do porão onde ele guarda suas coisas. Por sorte ele está aberto. A professora instala a turma 9C aí em plena crise de nervos, erupção de vulgaridade, desejo de violência e busca irreprimível do uniforme. É preciso agir rápido senão começa o motim, pensa a professora. Ela vai procurar algo para beber na mercearia mais próxima e se alegra ao ver que como sempre tem Dormonid na bolsa

SVEN: Não?

MANHATTAN: É um quadro confusional agudo, acreditem na minha experiência

VALENTINE: Você sabe que eu sempre tenho Dormonid na minha bolsa

SVEN: Não!

VALENTINE: Sim. Ele se mistura muito bem com Coca-Cola, com Schweppes Citrus, Fanta Uva, todas essas merdas calóricas cheias de corante, que são, diga-se de passagem, muito mais nocivas que um sonífero infeliz quando sabemos do crescimento do diabetes nos países industrializados. Manhattan, não saia daqui

PAUL: [a Sven] Vocês moram longe de Paris. Não nos vemos praticamente nunca. Eu não tinha tomado consciência da gravidade da situação. E além de tudo, parece que você quer que meus pais vão morar com vocês

VALENTINE: Como são belos quando dormem. Eles te lançam jatos de amor como quando desce o leite para os recém-nascidos. [*A Sven*] Você lembra com Arthur? O leite jorrava dos meus seios alguns segundos antes de ele chorar

MANHATTAN: Envenenamento e sequestro de menores

SVEN: Não é verdade

VALENTINE: Eles estão todos sob os cuidados de Helmut. E do Daniel que nos reencontrou. Ele sente muito, muito, muito, em espiral, completamente *sorry*, ele agiu sob ordens

SVEN: Nada disso é verdade

PAUL: Helmut, Dormonid, Daniel, você está pegando pesado. Quem se chama Helmut hoje em dia?

VALENTINE: Um monte de alemães

MANHATTAN: E eles estão dormindo desde...

VALENTINE: Desde ontem às 22 horas

SVEN: E se alguns reagissem mal aos soníferos?

MANHATTAN: Se estivessem mortos?

PAUL: Mas eles estão mortos. Você matou todos os alunos da turma. Os envenenou com Dormonid pensando dar provas de amizade e convivialidade. Você se arrisca a pegar prisão perpétua

VALENTINE: Helmut tem seu diploma de primeiros socorros

PAUL: Pronto estamos salvos

VALENTINE: Ele toma o pulso deles a cada meia hora e Daniel umidifica seus lábios com água para evitar a desidratação

MANHATTAN: Vocês estão esperando o quê? É preciso ir vê-los. Estou indo

VALENTINE: Manhattan. Espera acabar a aula. E depois de uma boa noite de sono, os alunos e sua professora estarão de pé, prontos para pegar o trem no sentido inverso para reencontrar seu vilarejo de enganosa tranquilidade onde adolescentes, dentre os quais o filho da já mencionada professora, contraem na mais total impunidade herpes genital de tipo 1, eu lhes asseguro. [*A Paul*] Mostra as fotos

PAUL: De quê?

VALENTINE: Do herpes genital do meu filho

MANHATTAN: Porra, ela é pior que a minha mãe

VALENTINE: Sem grosseria Manhattan ou você sai pela porta! Manhattan fica aí, não se mexe! Manhattan, o que é que a senhora vê?

MANHATTAN: Quando olho para a senhora?

VALENTINE: Sim. Olhe para nós. Para os três

MANHATTAN: Uma mulher de meia-idade à beira da implosão, um homem cuja calma lendária poderá terminar esmigalhada e um cara que quer recuperar sua vida e seu apartamento

VALENTINE: Falso. Falso. Arquifalso. Não é por acaso que estamos reunindo a arte, a ciência e a educação

PAUL: Ela caiu. Sim, não, ela caiu. Eu, no início, acreditei que Sven tivesse lhe ajudado um pouco, que ele tinha, não sei como, dado um golpe invisível, com uma captura misteriosa. Ele fez muito *aikido* durante uma época por conta de problema nos ossos

SVEN: Mas não, ela caiu sozinha como uma lâmpada que se queima, um bife que passa do ponto, um computador que descarrega, um corpo que desaba, uma mulher que cai

7

MANHATTAN: E o que que a gente fez? Fomos olhar no porão claro

E era verdade. Tudo era verdade

PAUL: Helmut nos abriu a porta. Helmut, tal como imaginávamos

"O senhor é o Helmut?"

"*Ja Helmut, das ist das*"

O punho, o sorriso, a loirice, os óculos, a cor da pele. Muito alemão, cara

MANHATTAN: E então Daniel

PAUL: Muito africano

SVEN: Ah não isso você não pode

PAUL: Ah isso eu não posso?

SVEN: Não, olha, "muito alemão" ainda vá lá, mas aí "muito africano"

PAUL: Muito o quê, então?

MANHATTAN: E adolescentes em toda parte. Esparramados uns sobre os outros. Era difícil distingui-los de suas mochilas. Fedia a hormônios. Pareciam cachorrinhos. Eles esbarravam uns nos outros.

Tinham sofrido um traumatismo. O trauma Valentine Johansson. Quando eles souberam que eu tinha sido vítima também e que havia sobrevivido, eu me transformei na estrela da célula de crise e eles não me soltaram mais

PAUL: Eles perguntavam regularmente onde estava Valentine. "E ela está onde, a senhora Johansson?" Eles não queriam acreditar que ela pudesse estar dormindo. Para eles, ela não é humana. Talvez uma super-heroína biônica da educação sem nenhuma necessidade vital própria aos seres humanos como dormir, beber, comer, amar

SVEN: Eu os auscultei um por um

PAUL: "É mas isso me incomoda senhor eu sou um cara não me deixo tocar pelos homens"

MANHATTAN: "Éééé mas eu não vou poder senhor eu sou menina não posso deixar um bofe me tocar"

PAUL: "E aí moço a gente volta quando?"

MANHATTAN: "E aí moço empresta o celular para eu ligar para a minha mãe?"

PAUL: "E a senhora Johansson ainda tem nossas passagens de trem ou ela perdeu?"

SVEN: Chloé tirou um caderninho

MANHATTAN: "É teu caderno Daniel"

SVEN: Ela falou. E ela foi entregar para ele

PAUL: Daniel segurou-o entre as mãos sem abrir. Ele o devolveu a Chloé. Ela abriu e começou a leitura

MANHATTAN: "Eu me chamo Daniel. Parti com meu primo Adisa. Na mochila guardei dois jeans, duas camisetas e dois livros. *O que dizer quando você fala consigo mesmo* e *Como passar do pessimismo ao otimismo*. É preciso se forçar a ver a vida pelo lado bom, senão você não aguenta. Além disso, a conversa com Deus. Sempre. E meu dinheiro em um saquinho plástico na cueca. Da primeira vez os soldados não o encontraram"

SVEN: Eles foram passando o caderninho e cada um leu uma passagem

PAUL: "Meu pai vendeu tudo o que tinha em casa. A Mobilete, o videocassete, a televisão, a geladeira. Para ele, foi como se apostasse na bolsa. Apostou em mim. Sou seu investimento. Se eu chegar na Europa ele espera ter lucros"

SVEN: "Tenho 900 dólares na cueca. 'São tão preciosos como tuas bolas que contêm pelo menos 900 vidas latentes. Então presta tanta atenção neles quanto nelas', disse a minha mãe. No tocante às minhas bolas ainda estão aqui, mamãe. Me pergunto por quanto tempo"

PAUL: "O Branco veio ver as condições dos imigrantes. Ele diz que somos heróis da vida moderna. Eu não quero escutar isso. Significa que vamos morrer, mas como ele está pagando o frango assado continuo sentado"

MANHATTAN: "Foi difícil andar. Os soldados dilaceraram nossas solas. Eles nos fizeram ajoelhar com as mãos sobre a cabeça. Eles gritavam '*money, money*' e nos chicotearam com cabos elétricos. Ficamos sem bagagens, sem dinheiro e sem sapatos"

SVEN: "A gente não quis dar meia-volta. A gente calculou. Andamos 1.600 quilômetros. Faltavam 970.

Não podíamos mais recuar. Nas aldeias nos dão panquecas. Quando encontramos água nos lavamos completamente vestidos e deixamos secar. Ficamos como bonecas novas. Não dá para ver que estávamos quebradas por dentro"

PAUL: "Chegamos a Agadez. Só falta atravessar o deserto e o Mediterrâneo e teremos chegado. Quero apertar a mão de Angela. Tenho jeito para línguas. Tenho a camisa do Bayern. Amo salsicha e sou cristão. Darei um bom cidadão alemão"

MANHATTAN: "Partimos em um barco de clandestinos. O condutor se engana na rota. Cinco dias sem comer. Uma manhã Adisa não acorda"

SVEN: Daniel tomou o caderno das mãos do menino e fechou. Somos todos africanos. Seja como habitantes. Seja como exilados recentes. Foi preciso ligar para os pais de cada um

MANHATTAN: Como explicar a situação de maneira racional?

PAUL: Como fazer ser tranquila?

MANHATTAN: A gente não descobria

SVEN: A gente tentou

MANHATTAN: "Quem tem pais com a mente aberta?"

SVEN: "Mas realmente aberta aberta?"

PAUL: "Completamente *open*?"

Um menino de cabelo comprido levantou a mão, Giannis. Eu amo os gregos, simples assim. Peguei meu celular

"Alô, senhora? Sim, bom dia senhor, é sobre seu filho, não, não é a senhora Johansson quem está falando, é seu marido, seu irmão, uma antiga aluna, o Helmut assistente de alemão, é Daniel, você não entenderá quem sou, não, a senhora Johansson não consegue falar agora, nada grave, tivemos um ligeiro contratempo, a viagem não se desenrolou como prevista, o seu filho contará com mais detalhes, não na verdade ele não vai contar nada, nós vamos proibi-lo formalmente de o fazer, sim, portanto, onde estava, eles não foram ao Collège de France como estava previsto, o trem se atrasou, e como então estavam com tempo livre, decidiram tranquilamente visitar um jovem imigrante ilegal com quem se correspondem desde o começo do ano, ah veja só, vocês não estavam sabendo? Ah pois, que estranho, é um novo dispositivo da educação nacional, interessante, não é mesmo? Sim, realmente. E eles tiveram um mau encontro no caminho, coisas que acontecem, mas não, nada grave, um roubo de celular, algumas escarradas, não de verdade, nada de grave, eles dormiram bem, estão aqui renovados, então nem vou passar o telefone, nós voltamos amanhã como previsto, não, não, eu não, a sra. Johansson. E o que faremos agora à tarde? Ah bem... agora à tarde... nós iremos à torre Eiffel, pois é, voltemos um pouco aos clássicos, com certeza. É um valor firme, como vocês dizem. Melhor aproveitar enquanto ainda está de pé. Hahaha. De jeito nenhum, eu é que agradeço, tenha um bom dia"

SVEN: Não nos pareceu uma tentativa conclusiva

MANHATTAN: Eles estavam no número certo, vivos, tomaram o trem de volta como previsto

PAUL: E então um com a cara bagunçada se levantou

MANHATTAN: Ele não tinha a cara bagunçada

PAUL: Não, mas você sabe o que eu quero dizer. Um que não tinha cara de nada. Você não para pra olhar. Você reparou nele? Um desses que você não repara. É a vida. Você acaba olhando mais para uns que para outros.

SVEN: "Nós temos uma proposta para vocês, no lugar da torre Eiffel. Nós nos perguntamos o que nos impede de fazer a revolução, porque é um pouco isso que vocês estão nos propondo, não, que a gente faça a revolução no lugar de vocês, foi isso que a gente entendeu em conjunto do discurso da senhora Johansson, uma revolução convivial. Eu me interesso bastante pela filosofia e pela espiritualidade. Eu li a história de um homem que lavava sua tigela a cada manhã como se fosse o bebê do Buda. É uma imagem, claro. Vocês sabem disso"

PAUL: Ele tem que idade?

MANHATTAN: A mesma imagem dos outros

PAUL: Ele tem 14 anos? Tá de sacanagem

SVEN: "Lavar sua tigela a cada manhã como se fosse o bebê do Buda, realizar cada gesto do cotidiano com consciência suficiente para que ele se repercuta no mundo. Vocês acreditam nisso?"

PAUL: Hein?

MANHATTAN: Perdão?

PAUL: Quê?

MANHATTAN: Você está perguntando isso pra gente?

SVEN: "Sim"

PAUL: Se a gente lava nossa caneca como se ela fosse o bebê do Buda?

MANHATTAN: Eu não tomo nada no café da manhã

PAUL: Para

SVEN: "Qual é o gesto que você fez em plena consciência que você acha que repercutiu positivamente no mundo?"

PAUL: Daniel queria responder. Daniel que tinha a vida mais ferrada de todos nós e que tinha uma lista de gestos realizados positivos para o mundo. Porra, vai tentar entender alguma coisa*

---

*Os extratos do caderno de Daniel são inspirados no livro de Fabrizzio Gatti, *Bilal Bilal: sur la route des clandestins*, traduzido do italiano para o francês por Jean-Luc Defromont, Paris, Liana Levi, 2008.

8

É a uma viagem bizarra, a uma travessia da qual não se volta ileso, que nos convida a jovem artista Manhattan, pseudônimo do qual ainda não conseguimos captar o sentido, não duvidamos que sejam muitos, de tal forma essa jovem mulher autodidata, vinda de Seine-Saint-Denis, periferia de Paris, parece adepta das bonecas russas e das interpretações plurais. Ela apresenta aqui sua primeira instalação e nós só podemos mais uma vez saudar o faro de Jacques Matteir, que em nossa pequena cidade de Calais assumiu os riscos e nos ofereceu uma bela descoberta da qual Paris ouvirá falar. Obra polifônica por excelência, *Paul e Valentine*, alusão sem dúvida ao paraíso perdido de *Paulo e Virgínia*, nos embala em todos os sentidos do termo e nos faz passar por muitos estados. Mergulhados em uma semiobscuridade – o trabalho de luz assinado por Rodolphe Buck faz parte integrante do dispositivo –, nós descobrimos o que parece ser um amontoado de almofadas, travesseiros, rolos, que, na luz matizante, evocam minhocas, putrefação – quase parece que podemos vê-los se mexendo, agitando-se como vermes –, merdas enormes, um bordel gigante, a guerra de travesseiros da infância, uma ocupação da nossa adolescência, o aparelho intestinal de um gigante, as entranhas da humanidade, e sabe-se lá mais o quê. Penetramos avançando na instalação como no coração de um organismo vivo, caverna de Platão, ventre da baleia, forno de pão, tentando achar o caminho possível no meio das almofadas de rolo que não deixam de nos lembrar o universo concentracionário, imagens de corpos tombados, desmantelados, carniça prestes a ser recoberta, detentos enclausurados de todos os tempos, imigrantes se acotovelando às portas da Europa, depois o olho se habitua à obscuridade, se liga aos detalhes, cada uma das almofadas tem uma particularidade, aquilo que parecia uniforme é singular, olhos desenhados para alguns, bocas para outros, manchas, cabelos, sexo de tricô, amontoado de pelos, colares, chupetinhas, tetas, 06, endereços de e-mail, tatuagens, palavras, desenhos, já não se sabe exatamente o que está ali, brinquedos pós-apocalípticos fabricados por crianças sobreviventes com o que têm na mão, bonecas vodu cujos poderes não conhecemos, travesseiros de uma humanidade arruinada ou seria o rastro deixado por antigas tartarugas como a pegada surrealista dos sonhos e dos pesadelos para os quais essas almofadas foram depositárias, confidentes, ao longo da noite? Algumas são queimadas, outras inchadas de umidade, gostaríamos quase de dizer humanidade, gotejam, escorrem. A gente ouve, sem ter a princípio certeza de ouvir, toques abafados de telefone, repetitivos, toques clássicos de iPhone, último hit do momento, vibração, cacofonia surda de chamadas de emergência às quais somente o silêncio responde. Um cheiro se espalha, sutil, depois cada vez mais forte, um odor pestilento, de suor, de decomposição, de terra, de vísceras, um cheiro ao qual não somos mais confrontados em nossos mundos modernos e assépticos. A artista Manhattan nos convoca à memória de uma catástrofe passada, e por vir, um desastre ainda presente, ainda palpável, que seria importante manter na mente e no coração para tentar justamente evitá-lo, sempre sabendo que é inevitável, seguindo a linha de Annette Messager e de Christian Boltanski de quem ela poderia ser filha adotiva

Sobre a Coleção Dramaturgia Francesa

Os textos de teatro podem ser escritos de muitos modos. Podem ter estrutura mais clássica, com rubricas e diálogos, podem ter indicações apenas conceituais, podem descrever cenário e luz, ensinar sobre os personagens ou nem indicar o que é dito por quem. Os textos de teatro podem tudo.

Escritos para, a princípio, serem encenados, os textos de dramaturgia são a base de uma peça, são o seu começo. Ainda que, contraditoriamente, por vezes eles ganhem forma somente no meio do processo de ensaios ou até depois da estreia. Mas é através das palavras que surgem os primeiros conceitos quando uma ideia para o teatro começa a ser germinada. Bem, na verdade, uma peça pode surgir de um gesto, um cenário, um personagem, de uma chuva. Então o que seria o texto de uma peça? Um roteiro da encenação, um guia para os atores e diretores, uma bíblia a ser respeitada à risca na montagem? O fato é que o texto de teatro pode ser tudo isso, pode não ser nada disso e pode ser muitas outras coisas.

Ao começar as pesquisas para as primeiras publicações da Coleção Dramaturgia, na Editora Cobogó, em 2013, fui apresentada a muitos livros de muitas peças. Numa delas, na página em que se esperava ler a lista de personagens, um espanto se transformou em esclarecimento: "Este texto pode ser encenado por um ou mais atores."

Que coisa linda! Ali se esclarecia, para mim, o papel do texto dramático. Ele seria o depositório – escrito – de ideias, conceitos, formas, elementos, objetos, personagens, conversas, ritmos, luzes, silêncios, espaços, ações que deveriam ser elaborados para que um texto virasse encenação. Poderia esclarecer, indicar, ordenar ou, ainda, não dizer. A única questão necessária para que pudesse ser de fato um texto dramático era: o texto precisaria invariavelmente provocar. Provocar reflexões, provocar sons ou silêncios, provocar atores, provocar cenários, provocar movimentos e muito mais. E a quem fosse dada a tarefa de encenar, era entregue a batuta para orquestrar os dados do texto e torná-los encenação. Torná-los teatro.

Esse lugar tão vago e tão instigante, indefinível e da maior clareza, faz do texto dramático uma literatura muito singular. Sim, literatura, por isso o publicamos. Publicamos para pensar a forma do texto, a natureza do texto, o lugar do texto na peça. A partir do desejo de refletir sobre o que é da dramaturgia e o que é da peça encenada, fomos acolhendo mais e mais textos na Coleção Dramaturgia, fazendo com que ela fosse crescendo, alargando o espaço ocupado nas prateleiras das livrarias, nas portas dos teatros, nas estantes de casa para um tipo de leitura com a qual se tinha pouca intimidade ou hábito no Brasil.

Desde o momento em que recebemos um texto, por vezes ainda em fase de ensaio – portanto fadado a mudanças –, até a impressão do livro, trabalhamos junto aos autores, atores, diretores e a quem mais vier a se envolver com esse processo a fim de gravarmos no livro o que aquela dramaturgia demanda, precisa, revela. Mas nosso trabalho segue com a distribuição dos livros nas livrarias, com os debates e leituras promovidos, com os encontros nos festivais de teatro e em tantos outros palcos. Para além de promover o hábito de ler teatro, queremos pensar a dramaturgia com os autores, diretores, atores, produtores e toda a gente do teatro, além de curiosos e apreciadores, e assim refletir sobre o papel do texto, da dramaturgia e seu lugar no teatro.

Ao sermos convidados por Márcia Dias, curadora e diretora do TEMPO_FESTIVAL, em 2015, para publicarmos a Coleção Dramaturgia Espanhola na Editora Cobogó, nosso projeto não apenas ganhou novo propósito, como novos espaços. Pudemos conhecer os modos de escrever teatro na Espanha, ser apresentados a novos autores e ideias, perceber os temas que estavam interessando ao teatro espanhol e apresentar tudo isso ao leitor brasileiro, o que só fortaleceu nosso desejo de divulgar e discutir a dramaturgia contemporânea. Além disso, algumas das peças foram encenadas, uma delas chegou a virar filme, todos projetos realizados no Brasil, a partir das traduções e publicações da Coleção Dramaturgia Espanhola. Desdobramentos gratificantes para textos que têm em sua origem o destino de serem encenados.

Com o convite para participarmos, mais uma vez, junto ao Núcleo dos Festivais Internacionais de Artes Cênicas, do projeto Nova Dramaturgia Francesa e Brasileira, com o apoio da Comédie de Saint-Étienne – Centre Dramatique National, Institut Français e Embaixada da França no Brasil, reafirmamos nossa vocação de publicar e fazer chegar aos mais diversos leitores textos dramáticos de diferentes origens, temas e formatos, abrangendo e potencializando o alcance da dramaturgia e as discussões a seu respeito.

A criação do selo Coleção Dramaturgia Francesa promove, assim, um intercâmbio da maior importância, que se completa com a publicação de títulos de dramaturgas e dramaturgos brasileiros – muitos deles publicados originalmente pela Cobogó – na França.

É com a maior alegria que participamos dessa celebração da dramaturgia.

Boa leitura!

Isabel Diegues
Diretora Editorial
Editora Cobogó

Intercâmbio de dramaturgias

O projeto de Internacionalização da Dramaturgia amplia meu contato com o mundo. Através dos textos me conecto com novas ideias, novos universos e conheço pessoas. Movida pelo desejo de ultrapassar fronteiras, transpor limites e tocar o outro, desenvolvo projetos que promovem cruzamentos, encontros e incentivam a criação em suas diferentes formas.

Esse projeto se inicia em 2015 com a tradução de textos espanhóis para o português. Ao ler o posfácio que escrevi para a Coleção Dramartugia Espanhola, publicada pela Editora Cobogó, constatei como já estava latente o meu desejo de ampliar o projeto e traçar o caminho inverso de difundir a dramaturgia brasileira pelo mundo. Hoje, com a concretização do projeto Nova Dramaturgia Francesa e Brasileira, estamos dando um passo importante para a promoção do diálogo entre a produção local e a internacional e, consequentemente, para o estímulo à exportação das artes cênicas brasileiras. É a expansão de territórios e a diversidade da cultura brasileira que alimenta meu desejo.

Um projeto singular por considerar desde o seu nascimento um fluxo que pertence às margens, às duas culturas.

A Nova Dramaturgia Francesa e Brasileira reúne o trabalho de dramaturgos dos dois países. Imaginamos que este encontro é gerador de movimentos e experiências para além de nossas fronteiras. É como se, através desse projeto, pudéssemos criar uma ponte direta e polifônica, cruzada por muitos olhares.

Como curadora do TEMPO_FESTIVAL, viajo por eventos internacionais de artes cênicas de diferentes países, e sempre retorno com o mesmo sentimento, a mesma inquietação: o teatro brasileiro precisa ser conhecido internacionalmente. É tempo de romper as fronteiras e apresentar sua potência e, assim, despertar interesse pelo mundo. Para que isso aconteça, o Núcleo dos Festivais Internacionais de Artes Cênicas do Brasil vem se empenhando para concretizar a exportação das nossas artes cênicas, o que torna este projeto de Internacionalização da Dramaturgia cada vez mais relevante.

O projeto me inspira, me move. É uma força ativa que expande e busca outros territórios. Desenvolver o intercâmbio com a Holanda e a Argentina são nossos próximos movimentos. O espaço de interação e articulação é potencialmente transformador e pode revelar um novo sentido de fronteira: DAQUELA QUE NOS SEPARA PARA AQUELA QUE NOS UNE.

Sou muito grata ao Arnaud Meunier por possibilitar a realização do projeto, à Comédie de Saint-Étienne – Centre Dramatique National, ao Institut Français, à Embaixada da França no Brasil, à Editora Cobogó, aos diretores do Núcleo dos Festivais Internacionais de Artes Cênicas do Brasil e à Bia Junqueira e ao César Augusto pela parceria na realização do TEMPO_FESTIVAL.

Márcia Dias
Curadora e diretora do TEMPO_FESTIVAL

Plataforma de contato entre o Brasil e o mundo

Em 2015, o Núcleo dos Festivais Internacionais de Artes Cênicas do Brasil lançava, junto com a Editora Cobogó, a Coleção Dramaturgia Espanhola. No texto que prefaciava os livros e contava a origem do projeto, Márcia Dias, uma das diretoras do TEMPO_FESTIVAL, se perguntava se haveria a continuidade da proposta e que desdobramentos poderiam surgir daquela primeira experiência. Após três montagens teatrais, com uma indicação para prêmio,[*] e a produção de um filme de longa metragem, que participou de diversos festivais,[**] nasce um novo desafio: a Nova Dramaturgia

---

[*] *A paz perpétua*, de Juan Mayorga, direção de Aderbal Freire-Filho (2016); *O princípio de Arquimedes*, de Josep Maria Miró, direção de Daniel Dias da Silva, Rio de Janeiro (2017); *Atra Bílis*, de Laila Ripoll, direção de Hugo Rodas (2018); e a indicação na Categoria Especial do 5º Prêmio Questão de Crítica, 2016.

[**] *Aos teus olhos*, adaptação de *O princípio de Arquimedes*, com direção de Carolina Jabor (2018), ganhou os prêmios de Melhor Roteiro (Lucas Paraizo), Ator (Daniel de Oliveira), Ator Coadjuvante (Marco Ricca) e Melhor Longa de Ficção pelo voto popular no Festival do Rio; Prêmio Petrobras de Cinema na 41ª Mostra São Paulo de Melhor Filme de Ficção

Francesa e Brasileira. Esse projeto, que se inicia sob o signo do intercâmbio, dá continuidade às ações do Núcleo em favor da criação artística e internacionalização das artes cênicas. Em parceria com La Comédie de Saint-Étienne – Centre Dramatique National, Institut Français e Embaixada da França no Brasil, e, mais uma vez, com a Editora Cobogó, a Nova Dramaturgia Francesa e Brasileira prevê tradução, publicação, leitura dramática, intercâmbio e lançamento de oito textos de cada país, em eventos e salas de espetáculos da França e do Brasil.

Essa ação articulada terá duração de dois anos e envolverá todos os festivais integrantes do Núcleo. Durante o ano de 2019, os textos franceses publicados sob o selo Coleção Dramaturgia Francesa, Editora Cobogó, percorrerão quatro regiões do país, iniciando as atividades na Mostra Internacional de Teatro de São Paulo (MITsp). A partir daí, seguem para o Festival Internacional de Teatro de São José do Rio Preto (FIT Rio Preto), Cena Contemporânea – Festival Internacional de Teatro de Brasília e Festival Internacional de Londrina (FILO). Depois, as atividades se deslocam para o Recife, onde ocorre o RESIDE_FIT/PE Festival Internacional de Teatro de Pernambuco e, logo após, desembarcam no Porto Alegre em Cena – Festival Internacional de Artes Cênicas e no TEMPO_FESTIVAL – Festival Internacional de Artes Cênicas do Rio de Janeiro. A finalização do circuito acontece no Festival Internacional de Artes Cênicas da Bahia (FIAC Bahia), em Salvador.

Brasileiro; e os prêmios de Melhor Direção no 25º Mix Brasil e Melhor Filme da mostra SIGNIS no 39º Festival de Havana.

Em 2020, será a vez dos autores e textos brasileiros cumprirem uma agenda de lançamentos no Théâtre National de La Colline, em Paris, no Festival Actoral, em Marselha em La Comédie de Saint-Étienne, na cidade de mesmo nome.

Confere singularidade ao projeto Nova Dramaturgia Francesa e Brasileira a ênfase no gesto artístico. A escolha de envolver diretores-dramaturgos para fazer a tradução dos textos para o português reconhece um saber da escrita do teatro que se constrói e amadurece nas salas de ensaio. Os artistas brasileiros que integram o grupo de tradutores são Alexandre Dal Farra, que traduz *J'ai pris mon père sur mes épaules*, de Fabrice Melquiot; Gabriel F., responsável por *C'est la vie*, de Mohamed El Khatib; Grace Passô, que traduz *Poings*, de Pauline Peyrade; a Jezebel de Carli cabe *La brûlure*, de Hubert Colas; Marcio Abreu se debruça sobre *Pulvérisés*, de Alexandra Badea; Pedro Kosovski faz a tradução de *J'ai bien fait?*, de Pauline Sales; Quitéria Kelly e Henrique Fontes trabalham com *Où et quand nous sommes morts*, de Riad Gahmi; e, finalmente, Silvero Pereira traduz *Des hommes qui tombent*, de Marion Aubert.

Outra característica do projeto é, ainda, a leitura dramatizada dos textos. Em um formato de minirresidência, artistas brasileiros, junto a cada autor francês, compartilham o processo criativo e preparam a leitura das peças. Cada um dos Festivais que integram o Núcleo apresenta o resultado desse processo e realiza o lançamento do respectivo livro. Será assim que as plateias francesas conhecerão *Amores surdos*, de Grace Passô; *Jacy*, de Henrique Fontes, Pablo Capistrano e Iracema Macedo; *Caranguejo overdrive*, de Pedro Kosovski; *Maré* e, também, *Vida*, de Marcio Abreu; *Mateus 10*, de Alexandre Dal Farra; *Br-Trans*, de Silvero Pereira;

Adaptação, de Gabriel F.; e *Ramal 340*, de Jezebel de Carli, que serão dirigidos por artistas franceses.

Essa iniciativa convida a pensar sobre o papel do Núcleo no campo das artes cênicas, sobre seu comprometimento e interesse na produção artística. Temos, ao longo dos anos, promovido ações que contribuem para a criação, difusão, formação e divulgação das artes da cena, assumindo o papel de uma plataforma dinâmica na qual se cruzam diferentes atividades.

A chegada à segunda edição do projeto poderia sugerir uma conclusão, o porto seguro das incertezas da primeira experiência. Mas, pelo contrário, renovam-se expectativas. É das inquietações que fazemos nossa nova aventura, força que nos anima.

Núcleo dos Festivais Internacionais de Artes Cênicas do Brasil

Cena Contemporânea – Festival Internacional de Teatro de Brasília
Festival Internacional de Artes Cênicas da Bahia – FIAC Bahia
Festival Internacional de Londrina – FILO
Festival Internacional de Teatro de São José do Rio Preto – FIT Rio Preto
Mostra Internacional de Teatro de São Paulo – MITsp
Porto Alegre em Cena – Festival Internacional de Artes Cênicas
RESIDE_FIT/PE – Festival Internacional de Teatro de Pernambuco
TEMPO_FESTIVAL – Festival Internacional de Artes Cênicas do Rio de Janeiro

O texto original em francês foi publicado pela editora Les Solitaires Intempestifs, em 2017.

Esse texto foi criado em 15 de novembro de 2016, no Teatro do Préau, em Vire, numa encenação da autora.

CIP-BRASIL. CATALOGAÇÃO-NA-FONTE
SINDICATO NACIONAL DOS EDITORES DE LIVROS, RJ

S155f
Sales, Pauline, 1969-
Fiz bem? / Pauline Sales ; tradução Pedro Kosovski.- 1. ed.-
Rio de Janeiro: Cobogó, 2019.
100 p.; 19 cm. (Dramaturgia francesa; 2)

Tradução de: J'ai bien fait?
ISBN 978-85-5591-078-4

1. Teatro francês. I. Kosovski, Pedro. II. Título. III. Série.

19-57264
CDD: 842
CDU: 82-2(44)

Vanessa Mafra Xavier Salgado- Bibliotecária- CRB-7/6644

Nesta edição, foi respeitado o Acordo Ortográfico da Língua Portuguesa de 1990, que entrou em vigor no Brasil em 2009.

Todos os direitos em língua portuguesa reservados à
Editora de Livros Cobogó Ltda.
Rua Jardim Botânico, 635/406
Rio de Janeiro – RJ – 22470-050
www.cobogo.com.br

© Editora de Livros Cobogó

Texto
Pauline Sales

Tradução
Pedro Kosovski

Colaboração em tradução
Mariana Patricio

Editora-chefe
Isabel Diegues

Editora
Natalie Lima

Gerente de produção
Melina Bial

Revisão da tradução
Sofia Soter

Revisão
Eduardo Carneiro

Capa
Radiográfico

Projeto gráfico e diagramação
Mari Taboada

A Coleção Dramaturgia Francesa
faz parte do projeto
Nova Dramaturgia Francesa e Brasileira

Idealização
Márcia Dias

Direção artística e de produção Brasil
Márcia Dias

Direção artística França
Arnaud Meunier

Coordenação geral Brasil
Núcleo dos Festivais Internacionais
de Artes Cênicas do Brasil

Publicação dos autores
brasileiros na França
Éditions D'ores et déjà

É A VIDA, de Mohamed El Khatib
Tradução Gabriel F.

FIZ BEM?, de Pauline Sales
Tradução Pedro Kosovski

ONDE E QUANDO NÓS MORREMOS, de Riad Gahmi
Tradução Grupo Carmin

PULVERIZADOS, de Alexandra Badea
Tradução Marcio Abreu

EU CARREGUEI MEU PAI SOBRE OS OMBROS, de Fabrice Melquiot
Tradução Alexandre Dal Farra

HOMENS CAINDO (Cédric, cuidado por anjos), de Marion Aubert
Tradução Silvero Pereira

PUNHOS, de Pauline Peyrade
Tradução Grace Passô

QUEIMADURAS, de Hubert Colas
Tradução Jezebel de Carli

2019

1ª impressão

Este livro foi composto em Univers.
Impresso pela gráfica Stamppa
sobre papel Pólen Bold LD 70g/m².